Mein Zwergkrallen-frosch

von Frank Schäfer

Besonderer Dank giltDr. Hans-Joachim Herrmann (Berlin) für das Lesen und Kommentieren des Manuskriptes.

Mein Zwergkrallenfrosch / F. Schäfer. - Rodgau: A.C.S. (Aqualog minis)
NE: Schäfer, F. (2003)
ISBN 3-936027-29-3
englische Ausgabe: ISBN 3-936027-30-7
holländische Ausgabe: ISBN 3-936027-31-5
schwedische Ausgabe: ISBN 3-936027-33-1
© 2003 by Verlag A.C.S. GmbH (AQUALOG), Liebigstraße 1, D-63110 Rodgau /Germany

fax: +49 (0) 6106 644 692
e-mail: info@aqualog.de
http://www. aqualog.de

Text, fachliche Bearbeitung, Redaktion, Bildbearbeitung, Layout und Titelgestaltung:
Frank Schäfer
Herausgeber:
Ulrich Glaser sen.
Druck, Satz, Verarbeitung:
Lithos: Verlag A.C.S.
Druck: Westermann Druck, Zwickau
Gedruckt auf Magnostar glänzend,
100% chlorfrei von PWA umweltfreundlich
PRINTED IN GERMANY

Literaturhinweise Zwergkrallenfrösche:
Die meiste verwendete Literatur wird im Fließtext ausführlich zitiert. Darüber hinaus ist folgender Titel bei der Recherche von großer Hilfe gewesen:

Herrmann, H.-J. (1994): Amphibien im Aquarium. Verlag Eugen Ulmer, Stuttgart. ISBN: 3-800-7287-9

Alle Bilder aus dem Aqualog-Bildarchiv, außer Seite 5 (Noble), 10 (Lamboi), 17, 18, 20 (Tropica), 30 (Osterdal & Olsson), 34, 43, 47, 54-59, 63, 64 (inlet), 66, 67 (Herrmann, Archiv Tetra Verlag), 48 (Haupt), 60 (Arnoult & Lamotte).
Für Bildanfragen wenden Sie sich bitte an das Bildarchiv Hippocampus: www.hippocampus-bildarchiv.de
Fotografen: Burkard Migge, Shuzo Nakano, Hans Joachim Richter, Frank Schäfer, Frank Teigler und Naoto Tomizawa.

Inhalt

Zungenlose Kratzbürsten 4

Auf einmal waren sie da 5

Hymenochirus boettgeri 6

Der wissenschaftliche Artname 8

Frei geboren? 9

Ein Krallenfroschbiotop in Gabun 10

Luftatmer 11

Das Aquarium für Zungenlose 12

Wie groß muss ein Aquarium sein? 14

Wie ein Filter funktioniert 15

Pflanzen im Aquarium .16

Pflanzen im Aquarium für große Zungenlose 17

Pflanzen pflanzen 21

Futter für Zwergkrallenfrösche 22

Futter für große Zungenlose 23

Das biologische Gleichgewicht im Aquarium 24

Kranke Zungenlose 25

Crowd Effect 27

Chemie - was passiert im Wasser? 29

Salto sexuale 30

Zucht und Aufzucht des Zwergkrallenfroschs 31

Schwangerschafttests 32

Der Große Krallenfrosch 33

Wels oder Frosch? 37

Der Gesპornte Krallenfrosch 38

Zucht und Aufzucht von Krallenfröschen 41

Infusorien 44

Artemia-Erbrütung 45

Die bekrallte Pest? 46

Kannibalenzucht 47

Vom Aussterben bedroht 48

Die unbekannte Vielfalt .49

Selten gepflegte Krallenfrösche 54

Im Reich der Sinne 58

Zeugen des Urkontinents 59

Bestimmungsschlüssel 60

Die Südamerikaner 63

Die Große Wabenkröte .64

Mittlere Wabenkröten 66

Kleine Wabenkröten 68

Buchtipps 70

Die Blauen Seiten

Auf den Blauen Seiten finden Sie allgemeine, die Aquaristik betreffende Informationen. Wenn Sie schon über etwas aquaristische Erfahrung verfügen, können Sie sie überspringen.

Da wir aber nicht wissen können, was Sie schon wissen und was nicht, und wir die ewigen Verweise auf andere Literatur auch wenig hilfreich finden, haben wir diesen Weg gewählt.

Zungenlose Kratzbürsten

Drei Ordnungen der Amphibien werden unterschieden: die Froschlurche, zu denen die Kröten, Frösche, Unken etc. gehören, die Schwanzlurche, zu denen man die Molche und Salamander rechnet, und die Schleichenlurche. Fast alle Arten aller drei Ordnungen gehören in ein Terrarium oder Aqua-Terrarium, also einen Behälter, der einen Landteil aufweist.

Jedoch haben sich aus allen drei Ordnungen auch einige Arten dauerhaft dem Leben im Wasser angepasst und sind dadurch mehr oder weniger beliebte Aquarienbewohner geworden. Die Plattschwanz-Blindwühle, *Typhlonectes compressicauda*, die im Zoofachhandel meist unter der irreführenden Bezeichnung "blind eel" geführt wird, ist solch ein dauerhaft im Wasser lebendes Amphib und gleichzeitig der einzige Schleichenlurch von vivaristischer Bedeutung.

Von den dauernd im Wasser lebenden Schwanzlurchen sind der größte Salamander der Welt, der Chinesische Riesensalamander (*Andrias davidianus*) und die Mexikanischen Axolotl (*Ambystoma mexicanum*) besonders erwähnenswert, wobei letzteres auch von privaten Tierhaltern gerne gepflegt und gezüchtet wird.

Auch einige Froschlurche haben dem Landleben dauerhaft entsagt. Im Titicacasee in den Anden Südamerikas leben solche merkwürdigen Frösche, die bis zu 30 cm langen *Telmatobius*-Frösche. Sie sind an die niedrigen Temperaturen des hochliegenden Sees angepasst (11-14 °C) und werden nur sehr selten von Aquarianern gepflegt. Es gibt weitere, vivaristisch ebenso bedeutungslose, rein wasserlebenden Frösche, doch eine Familie, die Zungenlosen (Pipidae), faszinieren Naturforscher und Aquarianer gleichermaßen. Einige Arten, die Krallenfrösche (*Xenopus*, *Silurana*) und die Zwergkrallenfrösche (*Hymenochirus* und *Pseudhymenochirus*) haben schwarze, spitze Klauen an den inneren Zehen jedes Hinterbeines, mit denen größere Exemplare heftig kratzen können. Von diesen Afrikanern und von ihren engen Verwandten, den Wabenkröten aus

Die meist aus Kolumbien importierte Plattschwanz-Schwimmwühle.

Südamerika, bei denen sich die Nachkommen in bienenwabenähnlichen Brutkammern im Rücken der Weibchen entwickeln, soll in diesem Buch erzählt werden.

Axolotl sind geschlechtsaktive Larven, ein Phänomen, das man "Neotenie" nennt. Der mexikanische Name bedeutet "Wasserhund".

Wissenschaftlich sind die Zwergkrallenfrösche schon lange bekannt. Bereits 1896 wurde die erste Art, *Hymenochirus boettgeri*, von TORNIER beschrieben. 1906 folgte als zweite Art *H. feae* BOULENGER, dann *Pseudhymenochirus merlini* CHABANAUD, 1920, 1924 beschrieb NOBLE *Hymenochirus curtipes* , gefolgt von *H. boulengeri* DE WITTE, 1930 und 1957 wurde die vorläufig letzte Form von PERRET und MERTENS als *H. boettgeri camerunensis* beschrieben.

Aquaristisch kamen die niedlichen Frösche aber eher durch die Hintertür. Im Gegensatz zu vielen Neueinfuhren unter den Fischen wurde um ihren Erstimport kein großes Aufhebens gemacht. Mir ist aus diesem Grund auch nicht bekannt, wann genau die ersten *Hymenochirus* Europa erreichten. In dem Standardwerk der Reptilien- und Amphibienpflege, dem 4-Bändigen Buch "Terrarienkunde" von Wilhelm KLINGELHÖFFER wurden die Fröschchen 1959 noch nicht erwähnt. Meine ersten Zwergkrallenfrösche kaufte ich in den frühen 1970er Jahren. Da ich damals noch Schüler mit einem sehr kleinen Portemonaie war, können die Tiere nicht sonderlich teuer gewesen sein. Die Ersteinfuhr muss folglich irgendwann in den 1950er oder 1960er Jahren erfolgt sein - heimlich sozusagen, doch die Herzen der Aquarianer eroberten die kleinen Frösche scheinbar im Sturm. Die erste, mir bekannte Importerwähnung erfolgte 1967 in der Zeitschrift DATZ, der erste Zuchtbericht (mit dem falschen Namen *Xenopus gilli*) 1969 in der gleichen Zeitschrift. Die Frösche gehören heute - sehr zu Recht - zum Standardangebot des Zoofachhandels.

Es sind zwei Arten von Zwergkrallenfröschen, die wir in unseren Becken haben. Üblicherweise wird zwischen ihnen aber nicht unterschieden, da sie einander ziemlich ähnlich sind. Da wäre einmal *Hymenochirus boettgeri*, Böttgers Zwergkrallenfrosch. Er hat, verglichen mit der zweiten Art, *H. curtipes*, dem Gedrungenen Zwergkrallenfrosch, ziemlich lange Hinterbeine. Da man das aber erst erkennen kann, wenn man beide nebeneinander sieht, sollte man auf die Körperflanken achten. Die Hautwärzchen der Körperseiten sind bei *H. boettgeri* auffällig vergrößert, bei *H. curtipes* hingegen genauso groß, wie die auf dem Rücken. Die übrigen Arten und Unterarten der Zwergkrallenfrösche spielen vivaristisch keine Rolle.

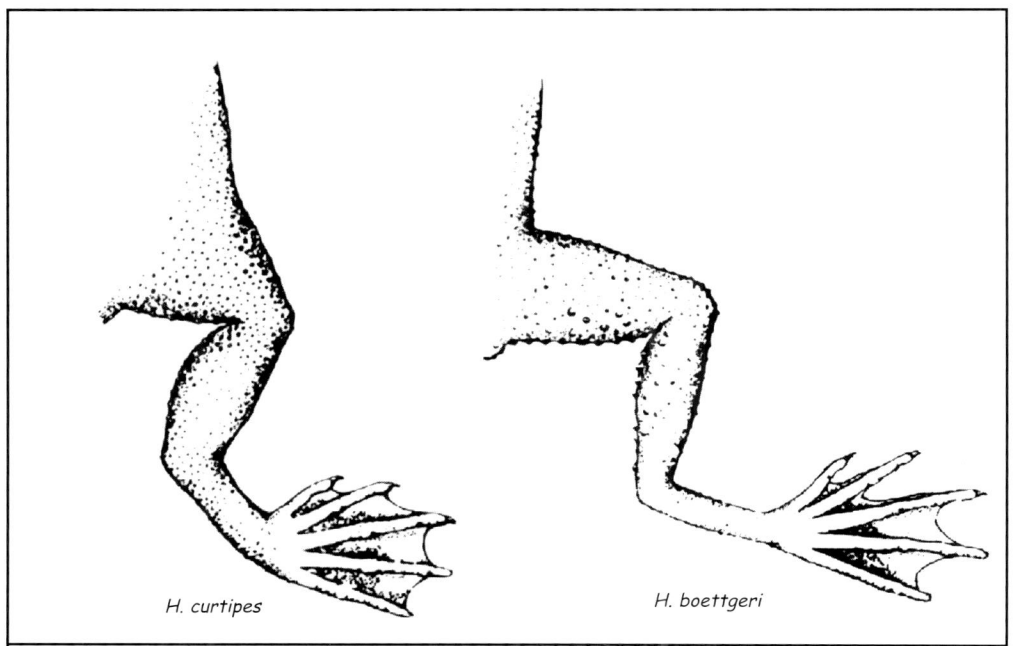

H. curtipes   H. boettgeri

Die beiden Arten Zwergkrallenfrösche, die wir im Aquarium haben, unterscheiden sich u.a. durch die Länge der Hinterbeine. Diese Zeichnungen stammen aus der wissenschaftlichen Originalbeschreibung von *H. curtipes* durch NOBLE, 1924.

Der wissenschaftliche Artname

Die Unterscheidung von Tier- und Pflanzenarten setzt voraus, dass es ein einheitliches System der Benennung gibt. Selbstverständlich haben Tiere und Pflanzen auch populäre Namen in ihren natürlichen Verbreitungsgebieten. Doch sind diese volkstümlichen Namen durch keinerlei Regeln gebunden. Demzufolge haben weit verbreitete Arten auch zahlreiche Populärnamen. Denken Sie nur an die nebenstehend abgebildete Pflanze. Sie wächst überall in Europa. Ich selbst lernte sie als Kaninchenfutter kennen. Man nannte sie Milchbusch, weil die Pflanze bei Verletzung des Gewebes einen weißen, milchartigen Saft absondert. Ich kannte sie aber auch als Pusteblume, der reifen Samenstände wegen, die man so schön wegpusten kann. Die blühende Pflanze nannte man Butterblume, ein Sammelbegriff für alle gelbblühenden Wiesenblumen des Sommers. Schließlich wird für die Pflanze noch der Name Löwenzahn verwendet, was sich auf die ausgezackten Blätter bezieht. Vier Namen für eine Art, und ich bin sicher, dass es noch sehr viel mehr gibt.

Es leuchtet ein, dass mit der wissenschaftlichen Erfassung der Tier- und Pflanzenarten der Welt ein System gefunden werden musste, das es ermöglicht, sich grenzübergreifend zu verständigen. Dieses System erfand der Schwedische Biologe Karl VON LINNÉ (er nannte sich selbst, dem Trend seiner Zeit folgend, gerne latinisiert Carolus Linnaeus). Seine Grundideen waren ebenso einfach wie genial. Zunächst, so legte er fest, müssen international geltende Namen in einer toten Sprache vergeben werden. Nur so kann es zu einer weltweiten Akzeptanz dieser Namen ohne nationale Dünkel kommen. Des weiteren müssen diese Namen aus zwei Teilen bestehen. Dieses System hatte sich ja auch bereits bei der Benennung individueller Menschen bewährt, wo jedes Individuum einen Vor- und einen Nachnamen besitzt. Linné bestimmte daher, dass nahe verwandte Arten in Gattungen zusammengefasst werden sollten. So hat jede Art einen Gattungsnamen, der vorne steht, und einen Artnamen, der dem Gattungsnamen folgt. Der Gattungsname beginnt mit einem Großbuchstaben, der Artname mit einem Kleinbuchstaben.

Schnell wurde klar, dass eine weitere Regel benötigt wurde. Die Zuteilung einer Art zu einer bestimmten Gattung ist nämlich durchaus nicht unumstritten, neue Forschungsergebnisse können es notwendig machen, dass eine Art in eine andere Gattung überführt werden muss. Außerdem musste ein Weg gefunden werden, wie zu verfahren sei, wenn ein Wissenschaftler, sei es aus Versehen oder Absicht, eine bereits benannte Art nochmals beschreibt. Die Lösung fand sich in der Prioritätsregel, die besagt, dass immer und unumstößlich der zuerst im Schrifttum verwendete Artname Gültigkeit besitzt. Dies gilt auch, wenn sich der Gattungsname ändert. Um den zuletzt genannten Fall deutlich zu machen, wird dann der Name des Autors in Klammern geschrieben. Die Pflanze hier heißt also wissenschaftlich *Taraxacum officinale* LINNÉ, 1758. Man schreibt den Benenner der Art nach dem Artnamen, dann folgt ein Komma und das Jahr der Erstbeschreibung. Dadurch wird es möglich, die Arbeit, in der die Art beschrieben wurde, aufzufinden.

Die beiden Arten von Zwergkrallenfröschen bewohnen in der Natur das Niger- und das Kongobecken in West- und Zentralafrika. Boettgers Zwergkrallenfrosch findet man in Nigeria, in der Demokratischen Republik Kongo bis Ost-Kongo, in West- und Süd-Kamerun. Der Gedrungene Zwergkrallenfrosch kommt südöstlich dieses Verbreitungsgebietes im unteren Kongobecken vor.

Vor allem Böttgers Zwergkrallenfrosch wird auch recht häufig als Wildfang importiert. Diese Frösche kommen aus Nigeria und werden von Lagos aus verschickt.

Die Art wird aber mindestens ebenso häufig als Nachzuchtexemplare verkauft. Neben Aquarienfischzuchtbetrieben in Europa vermehren auch die asiatischen Zuchtbetriebe *Hymenochirus* für den Zoofachhandel.

In der Natur bewohnen die Zwergkrallenfrösche Urwaldtümpel und Weiher. Obwohl die Gewässer in aller Regel beschattet sind, findet sich in ihnen reicher Pflanzenwuchs. Das Wasser ist weich und neutral bis leicht sauer. Die Wassertemperaturen sind relativ hoch, 24-30°C wurden gemessen. Gemeinsam mit *Hymenochirus boettgeri* wird häufig der Gesporte Krallenfrosch, *Silurana tropicalis*, importiert. Das deutet darauf hin, dass sie auch zusammen vorkommen. Mehr zum Gesporten Krallenfrosch weiter hinten im Buch.

In aller Regel werden Zwergkrallenfrösche in Gesellschaftsaquarien mit allerlei tropischen Kleinfischen gehalten. Sie vertragen diese Haltungsform auch gut. Sie pflanzen sich allerdings nur dann fort, wenn sie relativ ungestört sind. Über die Fischarten, die in der Natur geinsam mit den Zwergkrallenfröschen vorkommen, liegen mir keinerlei Informationen vor. Möglicherweise werden von den Zwergkrallenfröschen vorzugsweise fischfreie Gewässer bewohnt.

Zu erwarten wären nach den Biotopbeschreibungen vor allem Killifische der Gattungen *Epiplatys* und *Aphyosemion*, die sich auch im Aquarium hervorragend zur Vergesellschaftung eignen.

Aphyosemion australe, der Kap Lopez, ein gut geeigneter Fisch zur Vergesellschaftung mit Zwergkrallenfröschen.

Aphyosemion gardneri eignet sich ebenfalls sehr gut.

Ein Krallenfroschbiotop in Gabun

Dieses Bild, das uns freundlicherweise von Anton Lamboj zur Verfügung gestellt wurde, zeigt exemplarisch, wie ein natürlicher Lebensraum, in dem Krallenfrösche (in diesem Fall *Xenopus* sp.) vorkommen.

Obwohl die Zwergkrallenfrösche, Krallenfrösche und Wabenkröten zum ständigen Wasserleben übergegangen sind, sind sie im Gegensatz zu den meisten Fischen immer noch gezwungen, regelmäßig die Wasseroberfläche aufzusuchen und Luft zu holen. Erwachsene Froschlurche atmen über Lunge, nicht über Kiemen - da machen die Zungenlosen keine Ausnahme.

Einen Teil ihres Sauerstoffbedarfs (40-50%) decken diese Amphibien freilich auch über die Hautatmung. Je sauberer und sauerstoffreicher das Wasser ist, dest seltener müssen die Frösche auftauchen und Luft schnappen. Diese Handlung ist für die Frösche eine gefährliche Angelegenheit. Nicht im Aquarium, da passiert ihnen ja nichts, aber draußen in der Natur. Dort lauern unzählige Freßfeinde auf einen schmackhaften Happen, wie verschiedene Wasserschlangen oder Reiher.

Die Tiere haben es daher eilig, Luft zu holen. Nur dem Feind keine überlange Zeit zum Zielen geben, so heißt die Devise. Beobachtet man die Frösche kurz nach einer Beunruhigung, so fällt eine spezielle Schwimmtechnik auf, die die Frösche zum schnellen Luftholen benutzen. Sie stoßen sich, wenn möglich, vom Boden ab und schwimmen zügig fast senkrecht nach oben. Dabei teilen sie ihre Schwimmbewegungen so ein, dass sie mit fast gestreckten Hinterbeinen oben ankommen. Ist die Oberfläche durchstoßen und frische Luft aufgenommen, leisten sich die Frösche nicht etwa den Luxus, sich gemütlich umzudrehen oder einen Bogen abwärts zu schwimmen. Nein, sie legen blitzschnell den Rückwärtsgang ein, indem sie mit gespreizten Schwimhäuten die Beine, die ja gestreckt waren, anziehen. Dadurch kommt es zu einer sehr raschen Abwärtsbewegung. Freilich sieht man das bei lange eingewöhnten und zahmen Tieren oft nicht mehr.

Das Luftholen ist für alle Amphibien, die im Wasser leben, eine gefährliche Sache. Außerhalb des Wassers lauern zahlreiche Feinde.

Das Aquarium für Zungenlose

Stellen, an denen Kabel, Schläuche etc. ins Aquarium geleitet werden, sind für Zungenlose oft Todesfallen, denn hier können die Frösche aus dem Aquarium entweichen.

anpassungsfähig sind. Wer es fertig bringt, einen Fisch von der Robustheit eines Goldfisches gesund und munter zu erhalten, der kann sich auch mit Zungenlosen beschäftigen. Die Anpassungsfähigkeit an Wasserhärte, pH-Wert und, wenngleich in weit geringerem Maße, Temperatur sind, verglichen mit Fischen, hoch. Auch ist festzustellen, dass diese wasserlebenden Frösche vergleichsweise unempfindlich gegenüber Stoffen sind, die dem Aquarianer bei der Fischhaltung oft Kopfzerbrechen bereiten, wie Nitriten und Nitraten. Das sollte nun nicht dazu verführen, die Tiere in schmuddeligen Stinkepötten zu halten. Aber wer schon etwas Erfahrung in der Fischhaltung gesammelt hat,

Ich habe die Überschrift für dieses Kapitel bewusst etwas allgemeiner gehalten. Es dürfte einleuchten, dass eine 20 cm große Wabenkröte ein anderes Aquarium braucht, als ein 2 cm großer *Hymenochirus*. Aber ein paar gemeinsame Besonderheiten gibt es da schon, und die sollen hier erörtert werden, während auf die speziellen Ansprüche der einzelnen Arten bei deren Besprechung eingegangen wird.

Zunächst ist festzuhalten, dass die häufiger in Aquarien anzutreffenden Arten allesamt ziemlich robust und

kann sich getrost auch mit den Zungenlosen befassen. Unbedingt beachten muss man die Fähigkeit der oft plump wirkenden Frösche, zu klettern. In normalen Gesellschaftsaquarien dürfte das die häufigste Todesursache von Zungenlosen sein. Zwergkrallenfrösche können sogar senkrechte Glasflächen 10-20 cm hoch klettern, indem sie ihren nassen Bauch wie einen Saugnapf einsetzen. Die anderen, größeren Arten haben da schon mehr Probleme, aber sie nutzen geschickt die an den Aquarienecken einlaufenden Stromleitungen für Heizer, die Filterschläuche, etc. als Kletterhilfen aus. Besonders während der Eingewöhnungszeit frisch erworbener Tiere besteht Fluchtgefahr, aber auch plötzliche Wetterumschwünge können bei schon länger eingewöhnten Tieren den Wandertrieb auslösen.

In der Natur ist solch ein Auswandern schon gefährlich genug, angesichts der Legion von Feinden, die auf Frösche lauern. Im Wohnzimmer enden solche Exkursionen fast ausnahmslos tödlich, denn die armen Geschöpfe vertrocknen in unseren Wohnungen, die man aus ökologischer Sicht als kühle, dunkle Trockenwüsten bezeichnen könnte, sehr rasch. Manchmal kann man ein solches Tier noch retten, wenn man es rechtzeitig findet und in einen Eimer mit Wasser setzt. Ein nasser Lappen auf dem Zimmerfußboden wird von Ausreißern gelegentlich gefunden und kann Leben retten. Aber das ist eher die Ausnahme. Ideal sind daher lückenlos abgedeckte Aquarien mit seitlichen Bohrungen, an denen die Filterschläuche angebracht werden. Es gibt sehr gute Außenfiltersysteme, bei denen eine Heizung in den Filterkopf integriert ist. Solche Systeme sind ideal für die Pflege von Zungenlosen, denn sie erlauben ein wirklich hermetisch abgeschlossenes Aquarium. Denken Sie immer daran: Jedes Kabel, das in das Aquarium hängt, ist eine Gefahr für die Frösche. Natürlich kann man die Kabelecken mit Filterwatte oder ähnlichem ausstopfen, doch wirklich befriedigend sind solche Lösungen nicht und auf die Dauer auch zu unsicher.

Die Filter sollten so dimensioniert sein, dass der Nettoinhalt des Aquariums 1-2 x pro Stunde umgewälzt wird. Die Ansaugöffnungen der Filter sind sorgfältig mit Vorsatzkörben zu sichern. Zwergkrallenfrösche können komplett angesaugt werden. Auch für die großen Arten können sich hier böse Verletzungen zuziehen.

Zwergkrallenfrösche und amazonische Wabenkröten hält man wärmer als die übrigen Arten. 28°C sind als ideale Pflegetemperatur anzusehen. Grundsätzlich sollte man im Zungenlosenaquarium eine Heizmöglichkeit vorsehen.

Neben den bereits beschriebenen Außenfiltern mit Heizung gibt es auch noch Heizmatten, die unter das Aquarium gelegt werden. Sie haben auch den Vorteil, dass keine Kabel in das Aquarium müssen. Der Nachteil besteht darin, dass nur eine dünne Schicht Sand oder Kies (1-2 cm) in das Aquarium eingebracht werden sollte, wenn man Heizmatten benutzt, da es sonst zu gefährlichen Wärmestaus kommen könnte. In so dünner Substratschicht wächst aber keine Pflanze mehr befriedigend, so dass man dann auf freischwimmende Pflanzen ohne Wurzeln, auf Javafarn und Speerblatt, oder auf getopfte Pflanzen zurückgreifen muss. Lediglich der Große Krallenfrosch, *Xenopus laevis*, benötigt keine Heizung, doch hierzu später mehr.

Auch für kleine Arten, wie die Zwergkrallenfrösche, darf das Aquarium nicht zu flach sein. Diese Tiere führen Paarungstänze durch, die auch für Zwergkrallenfrösche einen Wasserstand von 30 cm oder mehr wünschenswert machen. Die größeren Arten brauchen entsprechend tiefere Aquarien, sonst gelingt die Zucht nicht.

Welchen Bodengrund man wählt, bleibt bei den Zungenlosen dem Geschmack der Aquarianer überlassen. Den Fröschen ist es egal. In den Laborzuchten, in denen Millionen von Krallenfröschen zu Forschungszwecken gezüchtet werden, benutzt man ganz kahle Becken ohne Bodengrund. Auch das geht also, ist aber ziemlich unästhetisch. Außerdem leben im Bodengrund viele nützliche Mikroorganismen, die helfen, das Aquarienmilieu stabil zu halten.

Wurzeln und Steine können jederzeit zu Dekorationszwecken herangezogen werden, doch dürfen Steine nicht rauh oder scharfkantig sein. Größere Krallenfroscharten haben die Eigenart, sich unter Steine zu wühlen, was einen Steinaufbau durchaus zum Einsturz bringen kann. Man sollte die Steine in solchen Fällen mit Silikonkautschuk untereinander verkleben.

Für kleine Arten (*Hymenochirus, Pipa parva, Silurana*) reichen die handelsüblichen 60-cm Aquarien völlig aus. Für die übrigen liest man bitte dort nach.

Wie groß muss ein Aquarium sein

Es gibt in Aquarianerkreisen den Spruch "ein Aquarium kann gar nicht groß genug sein." Warum das? Der Hauptgrund liegt darin, dass der Wasserkörper des Aquariums in chemischer Hinsicht um so stabiler ist, je größer sein Volumen ist. Mit anderen Worten: ein großes Aquarium macht wesentlich weniger Arbeit als ein kleines.

Einsteiger und Nicht-Aquarianer glauben oft, die Fische fühlten sich in einem kleinen Aquarium eingesperrt. Das ist nicht richtig. Auch ein riesiges Aquarium ist zwar, verglichen mit der Natur, nur eine winzige Pfütze. Fische haben jedoch ebensowenig wie irgendein anderes Tier ein Gefühl für den Begriff "Freiheit", der für sie ohne jegliche biologische Relevanz ist. Nur beim Menschen gibt es ein angeborenes Streben nach Freiheit, wobei dieser Begriff keineswegs einheitlich definiert ist. Fragen Sie einfach mal 10 Menschen aus Ihrem Bekanntenkreis, was für sie Freiheit ist. Sie bekommen mit hoher Wahrscheinlichkeit 10 verschiedene Antworten. Im Wesentlichen ist das angeborene Freiheitsstreben des Menschen sein Erfolgsrezept in der Evolution. Das Streben nach Freiheit ist nämlich nichts anderes als ein angeborenes Gefühl der Unzufriedenheit mit der Situation, in der der jeweilige Mensch lebt. Je nachdem, wie hoch der Grad der Unzufriedenheit gerade ist, sucht der Mensch nach einer Möglichkeit, die Situation zu verändern. Durch seine Erfindungsgabe kann der Mensch aktiv seine Umwelt seinen Bedürfnissen anpassen und dadurch buchstäblich überall überleben. Kurz gesagt: Das menschliche Freiheitsstreben ist sein artspezifisches Überlebenskonzept in der Natur.

Tiere hingegen, und damit sind alle Fische eingeschlossen, sind nicht in der Lage, ihre Umwelt ihren Bedürfnissen anzupassen. Sie sind umgekehrt auf Gedeih und Verderb von ihrer Anpassungsfähigkeit an die jeweiligen Umweltbedingungen abhängig. Ein Schleimfisch, der beschließen würde, sein Höhlenleben zugunsten der Lebensweise eines Herings aufzugeben, würde das nur wenige Stunden überleben. Tiere kennen also keine Freiheit. Die Frage nach der notwendigen Größe eines Aquariums richtet sich daher nicht nach dem Platz, der einem Fisch in der Natur zur Verfügung steht. Der Aquarianer muss sich vielmehr fragen: Würde die Fischart, die ich pflegen möchte, mein Aquarium als Lebensraum besiedeln, wenn es so in der Natur vorkäme?

Die wesentlichen Unterschiede zwischen einem Aquarium und der Natur sind: Es gibt keine Feinde; es gibt unbegrenzt viel Futter; es gibt keine Krankheiten; es gibt keine Konkurrenten; es gibt keine Naturkatastrophen (Dürre, Hochwasser etc.) - für all´ diese Dinge sorgt der Pfleger.

Demnach richtet sich die notwendige Beckengröße nach der zu erwartenden Endgröße und dem Verhalten der Pfleglinge. Für ruhige Raubfische, die den ganzen Tag fast bewegungslos auf Beute lauern, sollte die Beckenlänge etwa das 3fache, die Beckentiefe etwa das 2fache der Körperlänge des Pfleglings betragen. Für lebhafte Schwarmfische gilt die Faustregel Beckenlänge mindestens 10fach der Körperlänge, Beckentiefe 5fach. Schließlich muss man noch die Anzahl der Fische einkalkulieren. Und hier gilt nach wie vor die alte Aquarianerregel: pro cm Fischlänge mindestens 2 Liter Wasser.

Bedenken Sie bitte auch immer den Pflegeaufwand, wenn Sie sich für ein Aquarium entscheiden. In jedem Aquarium muss in wöchentlichem oder zweiwöchentlichem Abstand ein Teilwasserwechsel von 10-25% des Inhalts durchgeführt werden. Dadurch werden Giftstoffe, die sich als Abfallprodukte des Stoffwechsels ansammeln, entfernt und Spurenelemente, die sich verbrauchen, wieder zugeführt. Bei einem 1000-Liter Aquarium sind das immerhin 200-500 Liter Wasser, die da bewegt sein wollen (100-250 Liter raus und die selbe Menge wieder rein). Wenn Sie erst Einsteiger in das Hobby sind, so fangen Sie am besten mit einem 150-300 Liter fassenden Aquarium an. Diese Becken haben einen chemisch recht stabilen Wasserkörper und eine gute Größe für fast alle handelsüblichen Aquarienfische.

Wie ein Filter funktioniert

Es gibt viele verschiedene Filtertypen, die alle ihre Vor- und Nachteile haben. Ganz grundsätzlich hat jeder Filter einen mechanischen Wirkungsteil und einen biologischen Wirkungsteil. Der mechanische Wirkungsteil dient dazu, Teilchen aus dem Aquarium zu entfernen, die das Wasser trüben oder als Schmutz empfunden werden. Zu diesem Zweck wird das Aquarienwasser durch ein geeignetes Filtermedium angesaugt und das gereinigte Waser anschließend wieder in das Aquarium zurückgepumpt. Dieser mechanische Reinigungseffekt wird meist durch Filterwatte, Schaumstoff oder dergleichen erzielt. Man sollte es sich zur Gewohnheit machen, diesen Dreckfilter wöchentlich beim Teilwasserwechsel zu säubern. Ideal ist es dabei, das Filtermedium in einem Eimer frisch abgesaugten Aquarienwassers auszuwaschen, weil dadurch die auch in diesem Medium befindlichen nützlichen Stickstoffbakterien geschont werden.

Der biologische Wirkungsteil teilt sich in verschiedene Abschnitte auf. Der bekannteste ist der aerobe Abschnitt. Hier wird versucht, durch die Bereitstellung eines Substrates mit größtmöglicher Oberfläche eine maximale Besiedlung mit aeroben Bakterien zu erreichen, die Ammoniak über die Zwischenstufe des Nitrits zu Nitrat umwandeln. Dieser Prozess ist strikt sauerstoffabhängig. Bekannte Substrate sind z.B. Tonröhrchen, Bioigel, verschiedene Kunststoffe, Blähtonkugeln oder auch Basaltsplit. Die Extremform des aeroben Filters ist der sogenannte Rieselfilter, bei dem das Wasser kaskadenartig über dünne Filterschichten läuft und sich dabei immer wieder stark mit Sauerstoff anreichert. Das funktioniert ganz ausgezeichnet, allerdings ist bei dem so behandelten Wasser nur ein kümmerlicher Pflanzenwuchs möglich. Ferner fördern die hohen Sauerstoffwerte das Algenwachstum ganz erheblich. Man setzt solche Filter daher möglichst nur bei alkalischem Wasser in stark besetzten Aquarien ein, wo die Gefahr einer Ammoniakvergiftung groß ist.

Immer häufiger werden neben den in jedem Aquarium unumgänglichen areoben Filtern auch anaerobe Filter eingesetzt, in denen Bakterien leben, für die Sauerstoff giftig ist.

Diese Filter haben zwei große Vorteile. Erstens kann man hier Bakterien kultivieren, die das relativ ungiftige Nitrat nochmals aufspalten, und zwar in gasförmigen Stickstoff und gasförmigen Sauerstoff. Beide Gase entweichen dann aus dem Wasser. Dadurch kann man, wenn der Filter gut funktioniert, die Nitratwerte im Aquarium sehr niedrig halten. Zweitens werden in diesen Filtern wichtige Pflanzennährstoffe, die im aeroben Filter oxidiert und damit für die Pflanzen wertlos werden, wieder reduziert, also sozusagen von Sauerstoff befreit. Viele Aquarianer betreiben daher einen langsam laufenden anaerob funktionierenden Filter im Bypass, d.h. dieser Filter wird dem Wasserauflauf des aeroben Filters nachgeschaltet.

Es gibt verschiedene Medien für anaerobe Filter. Für die Nitrat reduzierenden Filter braucht man spezielle Kunststoffmedien, auf denen die gewünschten Bakterienkulturen bereits vorhanden sind. Für einen den Pflanzenwuchs fördernden Bypassfilter wählt man in der Regel einen kleineren Außenfilter mit schwacher Förderleistung, den man z.B. mit feinem Sand oder speziellen Filtersubstraten, wie Glassinter etc. beschickt. Ihr Zoofachhändler wird Sie gerne diesbezüglich beraten.

In Filter kann man auch gezielt Stoffe einbringen, die einen speziellen Zweck verfolgen. Hier wäre z.B. Filterkohle zu nennen. Diese sogenannte Aktivkohle entfernt sehr effektiv z.B. Medikamentenreste aus dem Wasser, aber auch Gilbstoffe und andere Wassertrüber. Man sollte Aktivkohle nur gezielt und nicht im Dauerbetrieb einsetzen. Ferner kann man Beutel mit Filtertorf im Filter unterbringen, die das Wasser ansäuern. Es gibt auch spezielle Austauscherharze, die etwa bei Bedarf zu hohe Nitrat- oder Phosphatwerte binden und dadurch rasch und effektiv senken. Mit Diatomeenerde gefüllte Spezialfilter können für sehr brillantes Wasser sorgen und senken sogar die Keimzahl im Wasser.

Pflanzen im Aquarium

Die Pflanzen erfüllen im Aquarium vielfältige Aufgaben. Sie entfernen Schadstoffe, die ihnen während des Wachstums als Nährstoffe dienen. Sie dienen als Versteckmöglichkeiten für bedrängte Erwachsene und für verfolgte Jungtiere. Sie produzieren Sauerstoff und reduzieren tagsüber die Kohlensäure. Und schließlich: Ein bepflanztes Aquarium ist viel schöner als ein kahles. Man muss in der Praxis ganz klar zwischen Aquarien für die kleinen (*Hymenochirus, Pipa parva, Silurana*) und für die größeren Arten unterscheiden. Ein schön bepflanztes Aquarium wird bei den größeren Arten eine Illusion bleiben. Zu plump sind die Tiere, der Bodengrund wird zu stark aufgewühlt etc. etc.. Doch beginnen wir mit den kleinen Arten. Sie lieben reich bepflanzte Aquarien. Hier kann sich der Aquarianer richtig austoben und einen wahren Unterwasserdschungel zaubern. Im Prinzip kann man fast jede im Hobby kultivierte Pflanze auch im Aquarium für Zwergkrallenfrösche verwenden.

Für ein bepflanztes Aquarium ist die Wahl des richtigen Bodengrundes entscheidend. Er muss mindestens 7 cm, besser 10 cm hoch sein. Zuunterst gibt man eine Lage Depotbodengrund, der etwa 1-2 cm hoch sein sollte. Depotbodengrund muss mineralischen Langzeitdünger in Form von Lehm oder ähnlichem enthalten. Blumendünger oder Blumenerde für Topfpflanzen sind vollkommen ungeeignet, weil diese hohe Anteile an organischem Dünger enthalten. Diese Anteile faulen im Aquarium und verderben das Wasser. Über den Depotbodengrund kommt eine 5-7 cm hohe Schicht feiner Aquarienkies. Den brauchen Sie nicht zu waschen, für die Aufgabe, die er erfüllen soll, ist er ausreichend sauber. Schließlich kommt die Deckschicht, die peinlichst sauber gewaschen sein muss. Hierfür eignet sich durchaus normaler Aquarienkies, Sie können aber auch Sand nehmen, das ist, wie vorhin schon gesagt, eher Geschmacksache.

Nun füllen Sie ganz vorsichtig so viel Wasser ein, dass die Deckschicht gerade feucht ist. Jetzt können Sie das Aquarium bepflanzen, ohne dass aus den tieferliegenden Bodengrundschichten unnötig viel Dreck aufgeschwemmt wird. Nach der Bepflanzung füllen Sie - vorsichtig! - das Aquarium mit leicht vorgewärmtem Wasser auf (18-22°C). Anschließend nehmen Sie den Filter und die Heizung in Betrieb. Jetzt bleibt das Aquarium 2 Wochen ohne Besatz stehen. Das ist notwendig, damit sich die wichtigen Mikrolebewesen im Aquarium entwickeln können, die aus einem sterilen wassergefüllten Behälter einen Biotop machen. In dieser Zeit wachsen die Pflanzen an und Sie werden schon bald auslichten müssen.

Zwergkrallenfrösche lieben dicht bepflanzte Aquarien.

Ganz andere Maßstäbe muss man bei der Pflege der größeren Arten der Zungenlosen anlegen. Hier wird man nur solche Pflanzenarten dauerhaft halten können, die sehr anspruchslos sind. Da große Zungenlose auch starke Fresser sind, ist auf eine gute Aquarienhygiene zu achten. Ein allzuhoher Bodengrund ist da nicht zuträglich, denn schnell sammeln sich darin zu viele Schmutzstoffe an. Günstig ist eine Bodengrundhöhe von vielleicht 3-5 cm. Da auch hier ziemlich viel Dreck anfallen wird, sollte man den Bodengrund einmal pro Woche mit einem Stab kräftig durchwühlen. Damit verhindert man, dass sich Faulstellen bilden. Den aufgewirbelten Dreck entsorgt man beim am besten kurz danach durchgeführten Teilwasserwechsel. Es dürfte einleuchten, dass unter solchen Bedingungen nur wenige Pflanzenarten wachsen. Arten, die im Bodengrund wurzeln, scheiden ganz und gar aus. Aber auch ein Aquarium für größere Zungenlose muss nicht kahl sein. Ich empfehle Speerblatt (*Anubias*) und Javafarn (*Microsorium*), auf Wurzelstücken aufgebunden, als Dekoration zu verwenden. Vor dem wöchentlichen Großreinemachen nimmt man die Pflanzen mitsamt Wurzeln einfach heraus und parkt sie in einer Schüssel. Für das biologische Gleichgewicht sorgt Schwimmfarn (*Ceratopteris*). Diese Pflanze wuchert stark, dadurch entzieht sie dem Wasser Schadstoffe und ihre Wurzeln sehen sehr dekorativ aus. Eine weitere Möglichkeit sind Indischer Wasserstern (*Hygrophila polysperma*) und Wasserwedel (*H. difformis*). Auch diese Pflanzen können ohne Bodenwurzeln ganz gut wachsen. Allerdings ist ihre Kultur im Aquarium für große Zungenlose etwas arbeitsintensiv. Man bündelt die einzelnen Stängel, indem man zwischen zwei Stängel jeweils eine etwa 3 mm dicke Schaumstofflage gibt und umwickelt das Ganze, wenn man etwa 15 Stängel beisammen hat, vorsichtig und ohne zu quetschen mit Bleiband. Diesen Bund steckt man in den Boden und kaschiert ihn mit einigen Steinen. Den Bund kann man dann wöchentlich bei der Reinigung kurz herausnehmen.

Kleines Speerblatt (*Anubias barteri* var. *nana*)

Diese hübsche Pflanze gehört zu den einfachsten Aquarienpflanzen überhaupt und ist uneingeschränkt für Aquarien zu empfehlen. Sie gedeiht gut aufgebunden (s. "Pflanzen pflanzen"). Das Speerblatt wächst auch noch bei schwachem Licht, in saurem wie in alkalischem Wasser. Leider wächst die Pflanze aber recht langsam, so dass sie im Zoofachhandel relativ teuer ist. Die verschiedenen Abarten des Speerblattes unterscheiden sich vor allem in der Wuchshöhe, *A. b.* var. *nana* entwickelt meist nur 3-5 cm lange Blätter. Da Speerblätter relativ starre Blattstiele haben, brechen die längeren Blattstiele der anderen Arten leicht ab, wenn ein Frosch hindurchtobt.

Pflanzen im Aquarium für große Zungenlose

Microsorium pteropus

Microsorium pteropus "Tropica"

Microsorium pteropus "Windeløv"

Javafarn (*Microsorium pteropus*)

Für den Javafarn gilt im Wesentlichen das Gleiche wie für das Speerblatt: Auch diese Pflanze wächst fast immer und überall und lässt sich gut aufgebunden kultivieren. Die Vermehrung dieses Farns erfolgt durch kleine Tochterpflanzen, die sich an den Blatträndern bilden. Vom Javafarn gibt es einige sehr hübsche Kulturformen, wie den "Windeløv"-Javafarn oder den "Tropica"-Javafarn.
Im Gegensatz zum Speerblatt, das nur sehr dicke Haftwurzeln entwickelt, sind die Wurzeln des Javafarns sehr fein und bilden ein dichtes, schwarzes, filziges Dickicht.

Indischer Wasserstern

Indischer Wasserstern, rosanervige Kulturform

Indischer Wasserwedel

Indischer Wasserstern und Indischer Wasserwedel
(*Hygrophila polysperma* und *H. difformis*)

Wasserstern und Wasserwedel sind Stängelpflanzen und können im Aquarium vielfältig verwendet werden. Stutzt man sie regelmäßig zurück, erhält man dekorative Büsche, lässt man sie wuchern, so legen sich die Stängel an der Wasseroberfläche quer und schicken ihre dekorativen Luftwurzeln ins Wasser. In dieser Wuchsform sind sie hervorragende Ablaichpflanzen für viele Zungenlose. Von beiden Arten gibt es auch bunte Kulturformen, von denen die rosanervige Form des Wassersterns oben rechts gezeigt wird.

Pflanzen im Aquarium für Zungenlose

Schwimmfarn (*Ceratopteris cornuta*)

Der Schwimmfarn sollte eigentlich in keinem Aquarium für Zungenlose fehlen und eignet sich für Große Wabenkröten (*Pipa pia*) genau so gut wie für Zwergkrallenfrösche. Er vereinigt viele Vorteile in sich. Zum Einen wächst er frei an der Oberfläche schwimmend, läuft also nicht Gefahr, ausgegraben zu werden. Zum Anderen wächst die Pflanze sehr schnell, entzieht dem Wasser folglich viele Schadstoffe. Zum Dritten schattet sie den Behälter ab (viele Zungenlose mögen es nicht zu hell) und geben den Fröschen ein Gefühl von Sicherheit. Die meisten Feinde der Frösche greifen von oben an. Ist die Wasseroberfläche bewachsen, halten sich die Frösche für unsichtbar und fühlen sich somit sicher. Der Schwimmfarn hat nur einen Nachteil: Er mag keine starke Filterströmung, vor allem verträgt er es überhaupt nicht, ständig von der Strömung im Kreis herumgewirbelt zu werden. Im Notfall muss man die Pflanze mit einem Stück Angelschnur fixieren, sonst geht sie ein. Bei der Pflege von Schwimmfarn und anderen Schwimmpflanzen ist es sinnvoll, das Aquarium nicht ganz bis oben zu füllen. Lassen Sie 2-5 cm Luft zwischen Deckscheibe und Wasseroberfläche, dann wächst der Schwimmfarn optimal. Haben Sie keine weiteren Pflanzen im Aquarium, reicht relativ wenig Licht aus (1 Neonröhre auf 30 cm Beckentiefe).

Pflanzen pflanzen

Im Aquarium kultivieren wir grundsätzlich drei Pflanzentypen: Schwimmpflanzen, Stängelpflanzen (für diese Sprachvergewaltigung hasse ich die Rechtschreibreform!) und Rosettenpflanzen.

Am einfachsten „pflanzt" man die Schwimmpflanzen: Man legt sie auf die Wasseroberfläche und muss lediglich darauf achten, dass die Wurzeln nach unten zeigen, und selbst das entfällt bei den Wurzellosen unter den Schwimmpflanzen. Alle Schwimmpflanzen „verabscheuen" Filterströmung. In stark gefilterten Aquarien ist ihre Kultur daher oft aussichtslos.

Die Stängelpflanzen entwickeln nur ein mäßig kräftiges Wurzelwerk. Sie werden durch Stecklinge vermehrt, die man von ausreichend langen Stängeln abschneidet. In der Regel sollten Stecklinge etwa 10 cm lang sein. Beim Einpflanzen der Stängelpflanzen ist auf folgende Punkte zu achten: Niemals sollte ein Einpflanzen im Busch erfolgen, sondern jeder Stängel einzeln. Die unteren Blätter müssen entfernt werden. Werden sie mit in den Boden gesteckt, faulen sie und können so eine Fäulnis des ganzen Stängels auslösen. Wenn Sie die Pflanzen im Zoofachgeschäft kaufen, sind sie meist mit Blei gebündelt oder in kleine Töpfe gepflanzt. In jedem Fall müssen Sie diese Verkaufshilfen entfernen. Anschließend entfernen Sie alle Wurzeln, die eventuell schon vorhanden sind. Sollte der untere Stängelteil glasig aussehen, so deutet das auf eine Quetschung hin. Schneiden Sie derartige Stücke großzügig mit einem scharfen Messer ab, bevor Sie die Pflanzen einsetzen.

Die dritte Gruppe Wasserpflanzen schließlich umfasst die Rosettenpflanzen. Diese Pflanzen bilden ein kräftiges Wurzelwerk aus. Ihre Vermehrung erfolgt durch Ausläufer oder Ableger. Auch bei diesen Pflanzen müssen Sie zunächst die Verkaufshilfen (Bleibänder, Töpfe etc.) entfernen. Anschließend kürzen Sie die Wurzeln mit einem sehr scharfen Messer auf etwa 3 cm Länge ein. Beim Einpflanzen ist unbedingt darauf zu achten, dass die Wurzeln im Pflanzloch nach unten zeigen. Werden sie während des Einpflanzens nach oben gebogen, wachsen die Pflanzen nur schlecht an. Besitzen die Rosettenpflanzen Knollen oder verdickte Wurzelstöcke (Rhizome), so ist darauf zu achten, dass der Vegetationspunkt (das ist die Stelle, an der die Blätter austreiben) nicht unter den Bodengrund geraten, sondern ein paar Millimeter aus dem Boden ragen.

Einige Rosettenpflanzen aus der Gattung *Anubias* sowie die Farne der Gattungen *Microsorium* und *Bolbitis* wachsen nicht gut, wenn man sie einpflanzt. Diese Pflanzen bindet man mit dunklem Zwirn auf Wurzeln oder poröse Steine auf, an denen sie mit der Zeit festwachsen. Häufig kann man diese Pflanzen auch schon fertig auf Steinen oder Wurzeln kultiviert kaufen.

Viele Rosettenpflanzen sind von Natur aus Sumpfpflanzen, die in ihrer natürlichen Umgebung nur zeitweise untergetaucht existieren. Hierher gehören z.B. viele Arten der Gattung *Cryptocoryne, Echinodorus* etc.. Bei der Erstbepflanzung eines Aquariums sollte der Anteil dieser Pflanzen in der Regel nur etwa ein Drittel der Arten ausmachen, die man zur Bepflanzung verwendet. Dies ergibt sich aus der Tatsache, dass diese Pflanzen verhältnismässig langsam wachsen. In der Anfangsphase eines Aquariums sind die biologischen Bedingungen so, dass viele unerwünschte Algenarten ein optimales Wuchsklima vorfinden. Da Wasserpflanzen und Algen in der Ausbreitung miteinander konkurrieren, sind logischerweise schnell wachsende Pflanzen erfolgreicher als langsame. Somit ist auch klar, warum in einem neu eingerichteten Aquarium der Anteil der schnellwachsenden Pflanzen höher sein soll als der der langsam wachsenden. Ihr Zoofachhändler berät Sie sicher gerne bei der Auswahl der Gewächse, die für Ihr Aquarium in Frage kommen. Grundsätzlich sollten Sie Ihren Fachhändler besser nicht ausgerechnet zur Hauptgeschäftszeit aufsuchen, wenn Sie eine ausführliche Beratung wünschen - so auch, wenn ein Bepflanzungsplan erstellt werden soll.

Futter für Zwergkrallenfrösche

Alle erwachsenen Amphibien sind Fleischfresser (Carnivore), da machen Zwergkrallenfrösche keine Ausnahme. Während sich jedoch alle landlebenden Amphibien praktisch ausnahmslos nach der Bewegung ihrer Beute orientieren, geschieht das bei den Zwergkrallenfröschen im Wesentlichen durch den Geruchssinn.

Das macht ihre Ernährung, verglichen mit landlebenden Amphibien, ziemlich einfach. Jegliches Frostfutter mundgerechter Größe, das im Zoofachhandel angeboten wird, wird auch von Zwergkrallenfröschen gefressen. Am liebsten nehmen die Tiere die verschiedenen Mückenlarven, besonders gerne Rote Mückenlarven. Mit diesem Futter als Basisfutter kommt man gut aus. Zusätzlich kann man noch Lebendfutter in Form von *Tubifex* oder Wasserflöhen (*Daphnia*) reichen.

Speziell das Verfüttern von Wasserflöhen ist eine Schau, die man sich, wenn es irgend geht, nicht entgehen lassen sollte. Oft balanzieren sich die Fröschchen ziemlich senkrecht im Wasser aus und schnappen dann, ähnlich wie Seepferdchen, Wasserfloh um Wasserfloh. Hier müssen sich die *Hymenochirus* freilich optisch orientieren. Möglicherweise hilft ihnen dabei auch das Seitenlinienorgan (dazu später mehr).

Flockenfutter nehmen Zwergkrallenfrösche erfahrungsgemäß nur zögerlich an. Besser fressen sie Granulatfutter, doch gibt es hier individuelle Unterschiede.

Ein Problem bei der Vergesellschaftung mit flinken Fischen ist, dass Zwergkrallenfrösche eher langsame Fresser sind. Oft ist von den Fischen schon das Meiste aufgefressen, bis die *Hymenochirus* überhaupt merken, was los ist. Auch aus diesem Grund sind nicht allzu flinke Fische, wie die vorhin schon erwähnten Killis, gute Gesellschafter.

Roten Mückenlarven und *Tubifex*, beides sehr gute Futtermittel für Zwergkrallenfrösche, haftet ein schlechter Ruf an. Von beiden Organismen heißt es, dass sie in stark verschutzten Gewässern vorkämen und daher als Tiernahrung nicht unbedenklich seien. Für die Roten Mückenlarven ist das nur sehr eingeschränkt richtig. Tatsächlich sind die Zuckmücken (Chironomidae), deren Larven als Rote Mückenlarven bezeichnet werden, weltweit in fast jedem Ökosystem (von extrem sauber bis stark verschmutzt) anzutreffen. Die für Futterzwecke gesammelten Larven stammen aus den unterschiedlichsten Ländern, nur eines haben sie gemeinsam: Mir ist noch nicht ein Fall einer Vergiftung von Fischen durch die Verfütterung Roter Mückenlarven zu Ohren gekommen. Was allerdings sein kann: Wird die Kühlkette des Futters nicht strikt eingehalten, kann das Futter verderben. Aber das kann mit jeder Frostfuttersorte passieren.

Tubifex sind hingegen immer Anzeiger starker organischer Belastung, wo sie massenhaft auftreten. Aber auch *Tubifex* können, wenn sie immer gut und gründlich gespült werden und nur die gesunden, blutroten Würmchen verfüttert werden, bedenkenlos verfüttert werden.

Es genügt, wenn Sie die Zwergkrallenfrösche einmal täglich füttern.

Im Großen und Ganzen gelten hier ähnliche Regeln, wie bei den Zwergkrallenfröschen, nur müssen die Futterpartikel entsprechend größer sein. Erwachsene Zungenlose der größeren Arten erhalten auch nur alle 3 bis 5 Tage einmal Futter.

Gut geeignet sind von den Frostfuttersorten hier gefrostete Garnelen und Stinte (*Osmerus eperlanus*). Warmblüterfleisch, also Rinderherz, Leber oder andere Innereien, sollten nicht verfüttert werden. Diese Futtermittel werden nur unzureichend verdaut und belasten das Wasser stark, abgesehen von dem schlechten Nährwert, den dieses Futter für die Tiere hat.

Ein preiswertes Futter ist Fischfilet, das man in Blöcken gefroren für den menschlichen Verzehr kaufen kann. Allerdings sollte man dieses Futter höchsten jede zweite Fütterung reichen, da es sehr ballaststoffarm ist und auch bestimmte Nährstoffe entbehrt.

Man sollte es sich zur Regel machen, etwa 2 Stunden nach der Fütterung der großen Zungenlosen eventuelle Futterreste, wieder ausgewürgte Nahrung und große Kotballen zu entfernen. Damit kann man das Aufrechterhalten des in diesen Aquarien ohnehin immer recht kippeligen biologischen Gleichgewichts erheblich fördern.

Die großen Zungenlosen wird man, im Gegensatz zu den Zwergkrallenfröschen, nur selten mit Fischen gemeinsam halten. Kleinere Fische werden früher oder später gefressen, größere könnten die Frösche verletzen. Es ist aber günstig, einen größeren Schwarm rundflossiger Guppys vom Wildtyp im Zungenlosenaquarium mitzupflegen. Diese Fischchen müssen hier nicht extra gefüttert werden, im Gegenteil, ihr Job ist es, Reste zu entsorgen. Auch hier wird der eine oder andere Guppy einmal gefressen werden, doch das gleichen die Fische in aller Regel durch reichlich Nachwuchs wieder aus.

Guppys vom Wildtyp sind hervorragende biologische Helferlein im Aquarium für größere Zungenlose.

Das biologische Gleichgewicht im Aquarium

Ein wirkliches biologisches Gleichgewicht wird es - das sei gleich vorweggenommen - in einem normalen Aquarium nicht geben. Dazu ist die von außen eingetragene Nährstoffmenge in Form von Futter einfach zu groß. Man kann und soll jedoch ein stabiles Aquarienklima anstreben, das dann lediglich in Form des Teilwasserwechsels und der Filterreinigung unterstützt werden muss.

Die Grundvoraussetzung für ein solches stabiles Aquarienklima ist die Verwendung von Wasser der immer gleichen Ausgangsqualität. Das bedeutet, das das zum Wasserwechsel eingesetzte Wasser bezüglich Härte und pH-Wert identisch sein muss mit dem bereits im Aquarium befindlichen Wasser. Überlegen Sie es sich also gut, wenn Sie sich gegen Ihr Leitungswasser und für ein selbstgemischtes Wasser entscheiden. Denn Sie müssen dieses Mischwasser Woche für Woche herstellen!

Aquaristik ist im wesentlichen Bakterienkultur. Ohne diese unsichtbaren Helfer ist es unmöglich, ein Aquarium zu betreiben. Da wären zum einen die nitritbildenden Bakterien. Fische scheiden das bei der Eiweißverdauung entstehende hochgiftige Ammoniak direkt über die Kiemen aus. Die erste Gruppe notwendiger Helferbakterien baut dieses Ammoniak in immer noch stark giftiges Nitrit um. Nitrit wirkt in der Regel bei Konzentrationen von 1 mg pro Liter Wasser tödlich für Fische. Für den Umbau von Ammoniak zu Nitrit brauchen die Bakterien Sauerstoff. Man spricht daher von aeroben Bakterien. Die zweite Gruppe Bakterien, die Froschleben im Aquarium ermöglicht, ist ebenfalls aerob. Diese wandelt das immer noch stark giftige Nitrit in vergleichsweise ungiftiges Nitrat um. Für den Betrieb des Aquariums ist ein Nitratwert von etwa 60 mg pro Liter anzustreben, wesentlich darüber sollte der Wert nicht liegen, weniger schadet hingegen nicht.

Es sind zwar immer die selben Bakteriengattungen, die diesen wichtigen Stickstoffumbau vollziehen, jedoch hat jedes Aquarium in Abhängigkeit von den Basiswasserwerten, also Härte und pH-Wert, ein individuelles Mikroklima. Diese Bakterien reagieren wesentlich empfindlicher auf Schwankungen der Wasserwerte als Frösche. Daher ist es so ungeheuer wichtig, immer das gleiche Wasser zum Wasserwechsel zu verwenden.

Neben den aeroben Stickstoffbakterien gibt es weitere unzählige Mikroorganismen, also Bakterien, Pilze etc., die sich im Aquarium ansiedeln. Je höher der Nährstoffeintrag in das Aquarium ist, desto höher wird die Keimzahl im Wasser sein. Weitere Faktoren, die die Keimzahl im Wasser erhöhen, sind die Besatzdichte durch Frösche und wieviel organisch verwertbare Bestandteile im System Aquarium vorhanden sind, also der sogenannte Mulm. Mulm besteht aus dem Kot der Frösche, abgestorbenen Pflanzenteilen, Futterresten etc.. Es spielt dabei keine Rolle, ob der Mulm in sichtbarer Form auf dem Aquarienboden herumliegtoder sich unsichtbar im Filter befindet! Die Keime, die den Mulm verwerten, sind an und für sich harmlos. Steigt die Keimzahl jedoch zu hoch an, werden auch diese harmlosen Keime zu einer Gefahr für die Frösche. Das Immunsystem vieler Frösche, die wir im Aquarium halten, ist von Natur aus nur schwach ausgeprägt. Die Keimzahl in zahlreichen tropischen Gewässern ist extrem niedrig, da diese Gewässer sehr nährstoffarm sind. Und so erklärt es sich, dass die Keimzahl im Wasser durch Mulmabsaugen während des Wasserwechsels, Filterpflege und kluge Beschränkung beim Besatz möglichst niedrig gehalten werden sollte.

Ist es, aus welchen Gründen auch immer, nötig, das Aquarium stark mit Fröschen zu besetzen, ist ein UV-Brenner, der dem Filter nachgeschaltet wird, eine Möglichkeit, die Keimzahl im Wasser effektiv zu senken. Man sollte jedoch - und das ist die Kunst der Aquaristik - immer versuchen, durch Berücksichtigung und Kenntnis der biologischen Vorgänge im Aquarium eine Art von biologischem Gleichgewicht zu erzielen und Technik nur dort einzusetzen, wo sie unumgänglich ist.

Frösche können, genau wie alle Lebewesen, an den unterschiedlichsten Krankheiten leiden. Es ist ratsam, einige Medikamente vorrätig zu haben, damit man im Fall der Fälle schnell handeln kann.

Eine beginnende Erkrankung äußert sich fast immer in einem auffälligen Verhaltenswechsel. Liegt ein Frosch lustlos in einer Aquarienecke, hat er auffällige Verfärbungen an der Haut oder blutunterlaufene Stellen, frisst er wenig und ohne Appetit, so sind das immer ernste Alarmzeichen. Oftmals kann man in diesem Stadium der beginnenden Erkrankung noch die Selbstheilungskräfte des Frosches aktivieren, indem man einen kräftigen Wasserwechsel durchführt und die übliche Hälterungtemperatur um 3-4°C erhöht. Sehr viele Krankheitserreger sterben ab oder werden zumindest stark geschwächt, wenn die Temperatur etwas über 30°C liegt.

Erkrankte Tiere sind sofort zu isolieren und in ein separates Behandlungsaquarium, das ruhig klein sein darf, zu überführen.

Da kranke Tiere nur wenig fressen, sollte während einer Erkrankung nicht oder nur sehr sparsam gefüttert werden, um zusätzliche Belastungen der erkrankten Tiere durch schlechte Wasserwerte zu verhindern.

Die wichtigste Behandlungmethode für Krankheiten ist die Vorbeugung. Dazu gehört selbstverständlich die regelmäßige Pflege des Aquariums aber auch die Quarantäne von Neuzugängen. Setzen Sie niemals einen neuerworbenen Frosch direkt zu dem Altbestand. Jedes Tier trägt Krankheitskeime in sich. Daran ist nicht der Züchter und auch nicht der Zoofachhändler schuld - das ist einfach so. Der Fang, der Transport und die Gewöhnung an die veränderten Wasserverhältnisse ist mit negativem Stress für den Frosch verbunden. Dadurch können Krankheiten ausbrechen, mit denen das Tier vorher spielend zurechtgekommen ist. Umgekehrt haben auch die bereits in Ihrem Aquarium schwimmenden Frösche Krankheitserreger in sich. Der Neuzugang kann sich,

geschwächt wie er ist, sehr leicht daran anstecken und auch ernsthaft erkranken. Der einzige sichere Weg, diese Gefahr zu umgehen, ist ein kleines Extra-Aquarium, das sogenannte Quarantäneaquarium. Das Quarantäneaquarium für Zungenlose braucht in aller Regel nicht besonders groß zu sein. Für Zwergkrallenfrösche und die meist erwerbbaren Jungtiere der anderen Arten reicht in der Regel ein Aquarium von 30 x 20 x 20 cm vollkommen aus. Eine 20 cm lange Große Wabenkröte (*Pipa pipa*) braucht natürlich mehr Platz, aber auch sie kann (in solchen Fällen immer die Tiere einzeln setzen!) in einem relativ kleinen Becken von 60 x 30 x 30 cm in Quarantäne genommen werden.

Das Quarantäneaquarium wird mit Wasser aus dem großen Aquarium gefüllt. Ein Heizer und ein kleiner Innenfilter vervollständigen die Einrichtung. Verzichten Sie auf Dekoration und Pflanzen. Im Quarantäneaquarium stört das nur. Es muss und sollte keinerlei Medizin vorbeugend ins Quarantäneaquarium gegeben werden. Mit ein wenig Glück erholen sich die neuen Frösche sehr rasch von dem Stress und werden nie krank. Wichtig ist nur, die Wasserwerte im Quarantäneaquarium regelmäßig zu überprüfen. Sind die Frösche nach zwei Wochen nicht äußerlich sichtbar erkrankt und fressen sie gut, so können sie in das große Aquarium umziehen.

Auch wenn behandelt werden muss, erweist sich das Quarantäneaquarium als sehr vorteilhaft. Erstens braucht man in dem meist kleineren Aquarium sehr viel weniger Medizin. Zweitens ist der nach einer medizinischen Behandlung notwendige Wasserwechsel leicht und schnell durchzuführen. Drittens ist die Dosierung der Medizin viel genauer möglich, weil Bodengrund, Pflanzen etc., aber auch der große Filter den Abbau der wirksamen Bestandteile der Medizin stark beschleunigen können. Und viertens sind die unerwünschten Nebenwirkungen mancher Medikamente (Schneckensterben, Schädigung der Pflanzen, manche Fische vertragen bestimmte Wirkstoffe

Kranke Zungenlose

nicht etc.) im Quarantäneaquarium ohne Bedeutung.
Leider muss man sagen, dass es gerade bei den Zungenlosen nur wenig relativ harmlose und leicht bekämpfbare Krankheiten gibt. Schon das Erkennen der Erkrankung ist ungleich schwieriger, als etwa bei Fischen. Die allermeisten schweren Erkrankungen bei Zungenlosen sind daher nur vom speziell vorgebildeten Tierarzt zu erkennen und zu behandeln. Aber - und auch das soll an dieser Stelle erwähnt werden - Zungenlose werden nur ziemlich selten krank.

Am harmlosesten sind kleinere Herde von Pilzerkrankungen (*Saprolegnia*), die wie kleine Wattebäuschchen auf der Haut aussehen. Dagegen kann im Zoofachhandel erhältliche Zierfisch-Medizin einsetzen, die in der gleichen Dosierung, wie für Fische, angewandt wird.

Als erste Hilfe bei Pilzerkrankungen oder unspezifischen Hauterkrankungen, die sich meist in Form von hellen Flecken zeigen, hilft ein Kochsalzbad (0,4%, d.h. 4 Gramm jodfreies(!) Kochsalz auf 1 Liter Wasser) und die Erhöhung der Wassertemperatur auf 30°C. Diese, wie auch alle anderen Behandlungen, sind immer im separaten Quarantäneaquarium durchzuführen!

Gefürchtet und leider schwer zu bekämpfen sind bakterielle Erkrankungen, die sich häufig in Form roter Flecken ("red legs disease", aber es sind keineswegs nur die Beine betroffen), also Stellen, die wie blutunterlaufen wirken, äußern. Wirksam sind hier nur Antibiotika, die jedoch nur unter Aufsicht eines Tierarztes eingesetzt werden dürfen. Die Behandlung mit Antibiotika ist auch für den Pfleger nicht unbedenklich und sollte - dies ist ein sehr ernst gemeinter Hinweis - niemals auf eigene Faust erfolgen. Man kann die bakteriellen Erkrankungen auch ohne Chemie durch Optimierung der Lebensbedingungen bekämpfen: Top-Wasserqualität, Kraftfutter (hier sind vor allem *Tubifex* zu nennen) und Wärme steigern die Abwehrkräfte der Tiere und führen oft zum Erfolg. Meist sind bakterielle Erkrankungen erst eine Folgeerscheinung vorher-

gehender ungünstiger Lebensbedingungen. Sie bilden sich erst, wenn der Organismus des Tieres aus anderen Gründen geschwächt ist. Auslöser der bakteriellen Erkrankung sind dann oft an sich harmlose Keime, die eigentlich für den Abbau von abgestorbenen Tier- und Pflanzenteilen zuständig sind. Die Senkung der Keimzahl im Wasser durch UV-Brenner ist daher ein guter Weg, Prophylaxe zu betreiben. Suchen Sie im Falle einer bakteriellen Erkrankung immer auch nach der primären Ursache. Schwankt der pH-Wert im Tag-Nacht-Rhythmus? Ist ein Stänkerer im Aquarium, der permanent für negativen Stress und Unruhe sorgt? Liegt eine unerkannte parasitäre Erkrankung vor? Ist der Filter gepflegt und wird wöchentlich ein Teilwasserwechsel vorgenommen? Ist das Aquarium überbesetzt?

Keine Erkrankung ist es, wenn die Frösche aus der Haut fahren. Alle Amphibien und Reptilien stoßen in regelmäßigen Abständen ihre oberste Hautschicht in Stücken ab. Zungenlose fressen diese Hautfetzen unmittelbar auf, daher bekommt der Pfleger davon oft lange Zeit nichts mit und erschreckt sich, wenn er es zufällig dann einmal beobachtet. Also, das ist harmlos und ganz normal.

Auf einen Sonderfall bei den Zungenlosen möchte ich noch eingehen: Die Tiere können sich tödlich überfressen! Neulinge in der Amphibienpflege müssen sich meist erst daran gewöhnen, dass Amphibien relativ wenig Futter brauchen. Gerade manchen Zwergkrallenfrösche können sich bis zum Platzen vollfressen und sterben dann. Also, mäßige Fütterung und nicht zu oft füttern!

Nicht damit zu verwechseln ist "Hydrops", eine Ansammlung von Lymphflüssigkeit, wodurch die Tiere wie aufgetriebene Fesselballons wirken können. Die Ursache liegt in dem vollständigen oder teilweisen Ausfall der Lymphherzen, die normalerweise die Lymphflüssigkeit umpumpen. Ein Tierarzt kann mit einer feinen Kanüle die Flüssigkeit aus den Lymphsäcken abaugen und den betroffenen Tieren Erleichterung verschaffen. Oft kommt es zu einer

Spontanheilung, weil die Lymphherzen ihre Tätigkeit wieder aufnehmen. Auch im Falle von Hydrops sollten Sie das Kochsalzbad und die Temperaturerhöhung auf 30°C anwenden.

Zungenlose können an allerlei weiteren Parasiten, wie Würmern, Einzellern oder auch Tuberkulose (eine bakterielle Erkrankung) erkranken. In all diesen Fällen kann aber nur der Tierarzt weiterhelfen. Warten Sie nicht zu lange mit dem Besuch beim Tierarzt, je früher eine Behandlung einsetzt, desto größer sind die Heilungschancen. Außerdem wird sich ein Tierarzt, der ja normalerweise mit kranken Fröschen kaum konfrontiert wird, erst einmal in die Spezialliteratur einlesen müssen. Dazu müssen Sie ihm auch etwas Zeit geben.

Keine wirkliche Erkrankung, sondern eine Folge von Überbesetzung ist der sogenannte Crowd Effect der Kaulquappen. Man findet das Phänomen, dass sich die Kaulquappen nur kümmerlich entwickeln oder gar vor der Metamorphose (also der Verwandlung von der Kaulquappe zum Frosch) sterben, bei allen Froscharten. Ursache ist immer eine Überbesetzung der Aufzuchtbehälter. Man sollte lieber nur 20 gesunde Frösche aufziehen als 2000 Krüppel! In der Beschränkung liegt hier die Weisheit der Tierpflege.

Auch bei erwachsenen Fröschen liegt in der Überbesetzung oft genug die Ursache für explosionsartig sich ausbreitende Krankheiten. Zwar sind die Frösche gegen organische Belastungen des Wassers per se ziemlich unempfindlich, weit unempfindlicher jedenfalls als Fische. Doch bietet dieses Kloakenmilieu potentiellen Krankheitserregern ideale Lebensbedingungen. Wird nun das Immunsystem eines Frosches aus irgendeinem Grund geschwächt, erkrankt er oft sehr plötzlich und steckt dann, weil sich die Krankheitserreger massenhaft vermehren, auch andere Mitbewohner an. Eine Epidemie ist die Folge.

Legen Sie daher bei der Pflege des Aquariums für Zungenlose die gleichen hohen Maßstäbe an, wie Sie es bei der Fischpflege auch tun würden und Sie werden in aller Regel nichts mit ernsthaften Erkrankungen Ihrer Pfleglinge zu tun haben.

Wir zeigen Ihnen die wichtigsten Krankheiten hier am Beispiel des Chinesischen Feuerbauchmolches, *Cynops orientalis*, da unsere Zwergkrallenfrösche glücklicherweise kerngesund sind. Ganz oben: Hydrops, in der Mitte ein Tier mit Pilzbefall und ganz unten ein Tier mit einer großen, bakteriell infizierten Wunde.

Tropica® Aqua Decor ist eine Pflanzen-Serie mit Wurzeln und Steinen, mit der sich die ständige Erneuerung und Veränderung der Einrichtung des Aquariums einfach gestaltet. Tropica® BankWood ist eine Baumwurzel, die mittels eines Saugnapfs an den Scheiben des Aquariums befestigt wird. Eine ganz neue Dimension mit zahllosen dekorativen Möglichkeiten.

TROPICA® BANKWOOD

tropica®
Aqua Decor
Tropica Aquarium Plants
Box 3 · DK-8530 Hjortshoej · Denmark
Tel.: +45 86 22 05 66 · Fax: +45 86 22 84 66
e-mail: tropica@tropica.dk ·
www.tropica.dk

Chemie - was passiert im Wasser?

Auch wenn Sie bisher gut nach dem Motto lebten - Chemie ist, wenn es stinkt und zischt, alles andere kratzt mich wenig: Um ein paar Grundbegriffe der Wasserchemie kommt der Aquarianer nicht drumherum.

Da wäre zunächst die Wasserhärte. Davon haben die meisten schon gehört, denn die Wasserhärte ist für das Zukalken von Töpfen, Warmwasserleitungen etc. verantwortlich. Der Begriff der Wasserhärte kommt ursprünglich aus der Waschmittelindustrie. Man bezifferte damit den Verbrauch an Seifenpulver, der nötig war, um einen waschaktiven Schaum zu erzeugen. Erst später fand man, dass es die im Wasser gelösten Kalzium- und Magnesium-Verbindungen waren, die für hohen oder niedrigen Seifenverbrauch verantwortlich sind. Die Bezeichnung "hart" und "weich" kommen von dem Gefühl, das der im jeweiligen Wasser erzeugte Seifenschaum auf der Haut hervorruft.

Aquaristisch wichtig ist vor allem die sogenannte "Karbonathärte" (KH, ausgedrückt in °). Es handelt sich hierbei um Verbindungen, die Kalziumkarbonat und Magnesiumkarbonat mit Kohlensäure eingehen und daraus Kalzium- bzw. Magnesiumbikarbonat bilden. Diese beiden Stoffe spielen, weil sie chemisch relativ instabil sind, eine wichtige Rolle im Aquarium. Sie reagieren wechselseitig sehr stark mit Kohlensäure und sind auch per se für die sogenannten "Weichwasserfische", die in der Natur praktisch nicht mit ihnen in Berührung kommen, problematisch. Daneben gibt es noch andere Verbindungen des Kalziums und des Magnesiums im Wasser, die jedoch chemisch ziemlich stabil und auch praktisch ohne allzu große Bedeutung sind. Diese bezeichnet man als "Nicht-Karbonathärte". Zusammen ergeben beide die "Gesamthärte" (dGH oder GH, ausgedrückt in °). Man spricht bei 0-4°GH von sehr weichem, 4-8°GH von weichem, 8-12°GH von mittelhartem, 12-18°GH von hartem, 18-30°GH von sehr hartem und über 30°GH von außerordentlich hartem Wasser.

Eng verknüpft mit dem Begriff der Härte ist der des pH-Wertes, obwohl sie chemisch ganz unterschiedliche Dinge bezeichnen.

Der pH-Wert bezeichnet den Säuregrad des Wassers. Wichtig ist dabei zu wissen, dass der pH-Wert dekadisch logarithmisch gestuft ist. Ein Wasser mit pH 5 ist also 10 mal so sauer wie eines mit pH 6 und 100 mal so sauer wie eines mit pH 7. Da die Karbonathärtebildner sehr stark wechselseitig mit Säuren, im Aquarium vor allem der Kohlensäure, reagieren, sind die Begriffe pH-Wert und Härte aquaristisch so eng verknüpft. Wasser mit einem pH-Wert von 7 bezeichnet man als neutral, Wasser mit einem pH-Wert über 7 als alkalisch und solches mit einem pH-Wert unter 7 als sauer. Die Extremwerte, die spezialisierte Fischarten ertragen können, liegen bei etwa pH 3,5 im sauren Bereich und pH 9,5 im alkalischen.

Im Tag-Nacht-Rhythmus kann der pH-Wert stark schwanken, und das ist oft die Ursache für kranke oder tote Fische. Die Ursache der pH-Schwankung liegt darin, dass nachts die Pflanzen keine Kohlensäure verbrauchen, weil sie keine Photosynthese treiben, sondern durch ihre Atmung sogar noch zusätzliche Kohlensäure produzieren. In mittelhartem und harten Wasser passiert dabei nicht viel, weil die Karbonathärte die freie Kohlensäure "einfängt" (man spricht von einer "Pufferwirkung"). Doch in weichem Wasser genügt die Pufferwirkung der Karbonathärte nicht, und so kann es zu den für die Fische lebensgefährlichen pH-Wertsprüngen kommen.

Es gibt drei Methoden, diese Gefahr zu umgehen. Zum einen kann man das Aquarium nachts mit einem Sprudelstein betreiben. Kohlensäure ist sehr flüchtig und kann so leicht aus dem Wasser ausgetrieben werden. Oder man fügt dem Wasser über Torffilterung oder in Form von Flüssigpräparaten Huminsäuren zu, die ebenfalls eine Pufferwirkung haben. Leider funktioniert letzteres nur bei Fischen, die saures Wasser vertragen. Hat man Fische, die das nicht mögen, muss man das Wasser künstlich aufhärten - Methode drei.

Härte und pH-Wert sollten regelmäßig überprüft werden!

Salto sexuale

Vivarianer sind, was ihre Schützlinge angeht, begeisterte Spanner. Die gelungene Zucht und die Beobachtung der Paarungsvorgänge ist der Höhepunkt tierpflegerischer Aktivitäten. Zu Recht, beweist dies doch, dass man es gelernt hat, seine Tiere zu verstehen und ihre Lebensansprüche in Menschenobhut vollständig zu erfüllen.

Die Zwergkrallenfrösche zeigen eine ganz ungewöhnliche Paarungsstellung, die sie mit ihren südammerikanischen Vettern, den Wabenkröten, und dem Gespornten Krallenfrosch, *Silurana tropicalis*, gemeinsam haben. Zunächst beginnt das sexuell stimulierte Männchen zu rufen. Dabei stützt es sich oft mit den Vorderbeinen auf den Boden-

grund und die Hinterbeine sind gestreckt. Scheinbar dient dieses Rufen, das sich wie ein leises Klicken anhört, vor allem der Anzeige des Reviers und der Abschreckung männlicher Artgenossen. Findet das Männchen ein Weibchen, so umklammert es das Weibchen im Bereich der Hüfte. Oftmals ist die Dame seines Herzens von dieser Annäherung keineswegs beglückt und versucht, den unerwünschten Liebhaber wieder loszuwerden. Doch der gibt so schnell nicht auf. Durch rhythmisches, pumpendes Klammern versucht er, das Weibchen zu stimulieren. Eine weitere Beschwichtigungs- und Stimulationshandlung besteht darin, mit dem weit nach vorne gestreckten Hin-

Paarungstanz beim Zwergkrallenfrosch, *Hymenochirus boettgeri*. Das Männchen ist in der Zeichnung dunkel eingemalt (nach Österdal & Olsson).

terbein mit dem Fuß über den Kopf des Weibchens zu reiben. Ist das Weibchen grundsätzlich paarungsbereit, hat es also reife Eier im Bauch, lässt es sich durch diese Maßnahmen meist im Sinne des Männchens umstimmen. Nun kommt es zum Paarungstanz. Zunächst ruht das Pärchen am Boden des Aquariums. Dann schwimmen beide gemeinsam senkrecht zur Wasseroberfläche, holen Luft, lassen sich etwas absinken und schlagen dann einen Salto rückwärts, bei dem sie die Wasseroberfläche berühren. Am höchsten Punkt dieses Salto rückwärts werden die Geschlechtsprodukte, also Eier und Spermien, abgegeben. Pro Laichgang werden so 5-10 Eier abgesetzt, das vollständige Gelege umfasst maximal ca. 200 Eier, die an der Oberfläche schwimmen und einen Durchmesser von etwa 1,5 Millimetern haben. Sie erinnern im Aussehen etwas an Mohnkörner und haben zwei Pole, einen hellen und einen dunklen.

Zur Zucht muss man natürlich beide Geschlechter besitzen. Wie unterscheidet man die beim Zwergkrallenfrosch? Zunächt einmal sind die Männchen kleiner und zierlicher. Doch dies ist kein so sicheres Merkmal. Die Männchen besitzen aber unmittelbar hinter den Vorderbeinen gut entwickelte Drüsen, die den Weibchen fehlen. Sie sehen aus wie kleine Pickel. Man kann das schon mit bloßem Auge ganz gut erkennen, mit einer Lupe aber mit Sicherheit. Um das zu untersuchen, fängt man den betreffenden Frosch vorsichtig mit der Hand aus dem Aquarium. Er wird versuchen sich zu befreien, indem er sich mit den Hinterbeinen freistößt. Bei der Gelegenheit hält man die Hinterbeine vorsichtig fest, indem man sie sanft mit dem Daumen auf die Handfläche drückt. So ist der Frosch bewegungsunfähig und man kann ihn, ohne Gefahr ihn zu verletzen, untersuchen.

Zwergkrallenfrösche laichen, besonders wenn es sich schon um Nachzuchttiere handelt, häufig spontan ab. Tun sie das nicht, zeigen die Weibchen jedoch einen guten Laichansatz, so stimuliert man die Paarung durch einen großzügigen Wasserwechsel mit etwa 16-18°C kühlem Wasser, den man über mehrere Tage hinweg durchführt. Nach jedem Wasserwechsel sollte sich die Temperatur immer wieder relativ schnell auf die übliche Temperatur von 26-28°C einpendeln. Durch diese Maßnahme simuliert man eine Regenzeit, die in der Natur die Paarung der Zwergkrallenfrösche auslöst. Der Laich schwimmt, wie schon erwähnt, an der Wasseroberfläche. Da die Eltern diesen als willkommene Abwechslung im Speiseplan betrachten, sollte man sie nach dem Ablaichen entfernen. Das ist jedenfalls einfacher, als den Laich umzusiedeln, denn die Eier kleben gerne an Löffeln, Schalen usw. fest. Eine optimale Entwicklung ist aber nur von frei schwimmenden Eiern zu erwarten. Je nach Wassertemperatur beginnen die Larven nach 2-3 Tagen zu schlüpfen. Sie hängen anschließend 5-6 Tage an irgendwelchen Wasserpflanzen oder den Scheiben. In dieser Zeit fressen die Larven noch nichts, sondern ernähren sich von ihrem Dottervorat. Erst wenn die Larven anfangen frei im Wasser zu schwimmen (sie müssen dazu einmal Luft schnappen), fängt man an, zu füttern.

Die Kaulquappen von Zwergkrallenfröschen ernähren sich von tierischen Kleinstlebewesen, die sie aus dem Wasser filtern. Hat man eine Bezugsquelle für die berühmten kalifornischen Artemia, so kann man sie von Anfang an mit frischgeschlüpften Artemia-Nauplien ernähren. Artemia-Nauplien anderer Herkunft sind jedoch meist zu groß. Dann hilft nur Infusorienfütterung. Zur Erbrütung von Artemia und Infusorien s. Blaue Seiten. Spätestens nach einer Woche können aber auf jeden Fall Artemia-Nauplien gereicht werden. Jetzt geht das Wachstum zügig vonstatten. Nach ungefähr ein bis zwei Monaten (das hängt vom Futterangebot und der Wassertemperatur ab) wandeln sich die Kaulquappen in kleine Fröschchen um. Die fertig metamorphosierten jungen Zwergkrallenfrösche haben eine Länge von etwa 1 cm.

Schwangerschaftstests

Die Menschen der westlichen Welt wollten schon immer möglichst frühzeitig wissen, ob eine Schwangerschaft eingetreten ist oder nicht. Der erste wissenschaftlich exakte und dabei problemlos zu handhabende Schwangerschaftstest waren Krallenfrösche, in diesem Falle Angehörige der Gattung *Xenopus* und *Silurana*. Spritzt man nämlich geschlechtsreifen Weibchen dieser Arten den Morgenurin einer schwangeren Frau in den Rückenlymphsack, so bewirkt das darin enthaltene Schwangerschaftshormon Choriongonatropin, dass das Weibchen spätestens nach 12 Stunden Eier legt.

Schon vor dieser Entdeckung in den 1940er Jahren waren Krallenfrösche (vor allem *Xenopus laevis*) gefragte Labortiere. Man untersuchte und erforschte an ihnen zahllose neurophysiologische und genetische Grundlagen. Doch danach erfolgte ein wahrer Run auf diese Tiere, so dass die Laborzucht immer wichtiger wurde, weil der Nachschub (per Schiff aus Afrika!) nicht so ganz problemlos sicherzustellen war. Auch unsere Großeltern wussten offenbar die Vorteile einer Familienplanung schon ziemlich zu schätzen. Später fand man heraus, dass dieser Test auch mit einheimischen Fröschen gelingt, freilich nicht

mit den Weibchen. Bei den mitteleuropäischen Fröschen ist die Eireife bei den Weibchen streng zyklisch und nur wenige Wochen im Jahr möglich. Aber die Männchen können fast immer (wenn man sie richtig behandelt) und hier stellte man dann die Schangerschaft einer Frau durch das Vorhandensein von Samenfäden nach einer Urininjektion fest.

Heutzutage ist es eher ungewöhnlich, im Wartezimmer eines Gynäkologen ein Aquarium mit Krallenfröschen anzutreffen. Aber die Froschzüchter in aller Welt machen sich die Eigenart der Frösche, positiv auf menschliches Sexualhormon zu reagieren, immer noch zu nutze, wenn es nicht recht gelingen will, die Tiere trotz sexueller Reife zur Nachzucht zu bringen.

Beim mitteleuropäischen Grasfrosch (*Rana temporaria*) eignen sich nur die Männchen zum Schwangerschaftstest.

Der Große Krallenfrosch, *Xenopus laevis*, erweckte schon immer das Interesse der Menschen. *Xenopus* bedeuted übrigen "Mit fremdartigem Fuß". In Afrika schrieben die Menschen diesen Fröschen geheimnisvolle Kräfte zu. Das plötzliche Auftauchen der Tiere nach der Regenzeit in Tümpeln interpretierten sie so, dass diese Frösche Regenbringer seien. Auch andere Mythen und Legenden ranken sich um diese Amphibien. In Europa war das Interesse der Wissenschaftler an den Tieren pragmatischer. Man untersuchte an ihnen morphologische und entwicklungsphysiologische Eigenheiten. In der modernen Wissenschaft nutzt man sie, um Klone (also genetisch identische Individuen) herzustellen und andere genetische Untersuchungen anzustellen. Die moderne Gentechnologie wurde an Krallenfröschen entwickelt und heute gehören Große Krallenfrösche zu den am besten genetisch untersuchten Lebewesen überhaupt.

In der Vivaristik hat dieser Frosch auch schon früh Eingang gefunden, was unter anderem mit seiner enormen Temperatur-Toleranz (die Haltung ist möglich bei Temperaturen zwischen 12 und 36°C, das Optimum liegt allerdings bei 22°C) zusammenhängt. Auch in ungeheizten Aquarien ist das Tier problemlos zu halten. Erste Pflege- und Zuchtberichte erschienen bereits um 1905.

In Afrika hat der Große Krallenfrosch ein riesiges Verbreitungsgebiet und wird in 5 Unterarten eingeteilt, die jeweils durch Übergangsformen miteinander verbunden sind. Die Nominatform, *X. laevis laevis*, besiedelt das südliche Areal: Südafrika, Namibia, Ost-Botswana, Malawi und Simbabwe. Dies ist die größte Krallenfroschform überhaupt. Der dunkelgraue Rücken ist meist fein schwarz gesprenkelt, doch ist die Färbung variabel und kann auch aus großen runden Flecken bestehen. Der Bauch ist gelblich-weiß und farblos oder fein gefleckt. Sein Ruf besteht aus langen Trillern. An *X. l. laevis* schließt sich das Areal von *X. l. poweri* an: Sambia, West-Botswana und Angola (mit Ausnahme des Nordwestens),

Südost-Kongo und das Unzunwe-Gebirge in Südwest-Tansania. Auch dieser Frosch ist ziemlich groß. Er ist dunkelolivbraun oberseits und hat dort 8 bis 15 dunkle Flecken. Die Bauchfärbung ist wie bei *X. l. laevis*, jedoch u. U. noch dichter geprenkelt. Ganz anders ist der Ruf, der als sonores grah-grah-grah beschrieben wird. Im Unterschied zu der Nominatform (so nennt man die zuerst beschriebene Unterart, also *X. l. laevis*) ist die Innenseite der Beine oft gesprenkelt. Relativ weit verbreitet ist auch *X. l. sudanensis*, der in Zentralafrika das Jos-Plateua, Ost-Nigeria, West- und Zentral-Kamerun und die Zentralafrikanische Republik besiedelt. Dieser Frosch ist dem vorigen ähnlich, aber kleiner und hat üblicherweise deutlicher ausgeprägte Rückenflecken. Anders ist der Ruf, der aus knatternden, unregelmäßigen Trillern bestehen soll (ich kann das hier nur zitieren, ich habe sie selbst noch nicht gehört). *X. l. victorianus* bewohnt Uganda, Tansania und Kenia. Das Tier ist relativ groß, hat einen gelblichgrünen bis olivgrünen Rücken und im Gegensatz zu den anderen Unterarten einen Ruf, der schnell trillernd ist. *X. l. petersi* bewohnt Nordwest-Angola, Kongo und wohl auch Gabun. Sein Ruf wurde bislang noch nicht beschrieben, er kann aber auch ganz gut anhand der größeren Bauchflecken von anderen Krallenfröschen unterschieden werden, die größer sind, als bei irgendeiner anderen Unterart.

Das größte bisher gefangene Weibchen der Nominatform maß 12,5 cm. Es fand sich in einem Goldfischteich, wo es sich an den Zierfischen gemästet hatte. Männchen bleiben immer kleiner. Der Große Krallenfrosch ist überaus anpassungsfähig und findet sich in Tümpeln und Weihern ebenso wie in Seen und Flüssen. Als Kulturfolger besiedeln sie auch Gartenteiche und Parks. Kurz: Es sind Hansdampfs in allen Gassen, wie man so schön sagt. Unsere Aquarienstämme sind wohl kaum noch reine Unterarten. Kann man Wildfänge erhalten, sollte man unbedingt reinblütig mit ihnen züchten.

Der Große Krallenfrosch

Die Normalform des Großen Krallenfrosches (*Xenopus laevis*) wird nur selten im Aquarium gehalten. Sie ist jedoch, weltweit gesehen, eines der wichtigsten Labortiere und wird zu Millionen gezüchtet.

Regelmäßig im Zoofachhandel findet man die Albino-Zuchtform des Großen Krallenfrosches.

Der Große Krallenfrosch

Nur einmal hatte ich ein derart apart gefäbtes Tier vom Großen Krallenfrosch. Es war ein Weibchen. Leider kam es durch einen Unfall ums Leben, bevor ich mit ihm züchten konnte.

Im Jahre 1864 beschrieb der berühmte Zoologe John Edward GRAY eine neue, seltsame Froschart anhand einiger Kaulquappen und frisch verwandelter Jungfrösche aus Afrika als *Silurana tropicalis*. Das merkwürdige Geschöpf besaß als Kaulquappe zwei lange Barteln, keinerlei Zähne, gut ausgebildete Augen, einen umlaufenden Flossensaum (ähnlich einem Aal) und eine zweite, kurze Flosse unter dem Bauch. Keine der Flossen besaß stützende Flossenstrahlen. GRAY war sich durchaus im Klaren darüber, dass es sich um einen Frosch handelte. Die neue Gattung, die er schuf, setzt sich aus den lateinischen Worten "Silurus" (= Wels) und "Rana" (= Frosch) zusammen. Damit wies er auf die überaus erstaunliche Ähnlichkeit zu Welsen hin, denn derart abstruse Kaulquappen hatte noch nie ein Mensch gesehen oder beschrieben. Es waren die Kaulquappen der Art, die wir heute als Gespornten Krallenfrosch kennen.

Vielleicht sollte an dieser Stelle einmal ein kleiner Exkurs erlaubt sein, wie denn normalerweise eine Kaulquappe aussieht. Alle Kaulquappen, außer den Kaulquappen der Zungenlosen, besitzen hornige Lippenzähnchen, die in Leisten angeordnet sind. Mit diesen Lippenzähnchen, die in Art und Form so charakteristisch sind, das man daran die Art bestimmen kann, raspeln die Kaulquappen ihre Nahrung klein, die, je nach Art, aus Aufwuchs (das ist der aus Algen und Kleinstlebewesen bestehende Belag auf Steinen, Wurzeln, Blättern etc.) oder auch tierischer Nahrung bestehen kann.

Die Kaulquappen der Zungenlosen haben aber, wie gesagt, keine Lippenzähnchen. Von den Zwergkrallenfröschen haben wir bereits gelernt, dass sich deren Kaulquappen als aktive Jäger betätigen, die kleinste frei im Wasser schwimmende Organismen erbeuten. Die Kaulquappen der Krallenfrösche der Gattungen *Xenopus* und *Silurana*, aber auch die ihrer südamerikanischen Vettern, der Kleinen und Mittleren Wabenkröte, sind zu Filtrierern geworden. Dabei haben sie eine Lebensweise angenommen, die der

kleiner, sich von Plankton (als Plankton bezeichnet man die Gesamtheit der sich frei im Wasser bewegenden Organismen) ernährender Fische entspricht. Zusätzlich haben die Kaulquappen der Gattungen *Xenopus* und *Silurana* auch noch lange Bartfäden, die tatsächlich genau wie die Oberlippenbarteln bestimmter Welse (etwa der Glaswelse, *Kryptopterus*) aussehen.

In der Natur schwimmen diese Kaulquappen frei im Wasser, und zwar in Schwärmen. Die Ähnlichkeit zu Fischen ist wirklich verblüffend.

Kaulquappe von *Xenopus laevis*. Die Ähnlichkeit mit eim Wels ist verblüffend.

Nur zum Vergleich: ein Indischer Glaswels, *Kryptopterus minor*.

Der Gespornte Krallenfrosch

Nachdem wir seine Kaulquappe schon kennengelernt haben, wenden wir uns jetzt dem Frosch zu: *Silurana tropicalis*, dem Gespornten Krallenfrosch. Die meisten Krallenfrosch-Arten haben ihre Krallen nur an den drei inneren Zehen jedes Hinterbeines. Einige Arten, dazu zählt der Gespornte Krallenfrosch, haben jedoch noch zusätzlich am Mittelfußhöcker eine weitere Hornkralle entwickelt. Möglicherweise erkennt man daran, dass diese Arten Wanderungen über Land durchführen, bei der eine solche Zusatzklaue gute Dienste leisten würde, ähnlich den Spikes bei den Leichathleten.

Über die Naturgeschichte des Gespornten Krallenfrosches berichtet sehr anschaulich RÖDEL (Herpetofauna of West Africa, Vol. 1: Amphibians of the West African Savanna. Edition Chimaira, Frankfurt a. M., 2000). Er untersuchte sehr intensiv die Froschlurche des Camoé Nationalparks an der Elfenbeinküste. Dort findet sich der Gespornte Krallenfrosch vor allem in Tümpeln im Galeriewald (das ist ein lichter Waldtyp, der vor allem entlang der Flüsse zu finden ist). Während der Trockenzeit verlässt der Gespornte Krallenfrosch meist diese Tümpel. Notgedrungenermaßen, denn die Tümpel trocknen meist aus. Die Trockenzeit verbringen die Tiere im Uferbereich der Flüsse, wo sie sich tagsüber unter Steinen oder Wurzeln versteckt halten. Manchmal sollen die Frösche aber auch die Trockenzeit überdauern, indem sie sich in den Bodenschlamm ihrer Tümpel eingraben. Sobald die Regenzeit einsetzt, wandern die Frösche in ihre Waldtümpel zurück. Dabei besiedeln sie oft sogar kleinste Gewässer. RÖDEL berichtet, dass er sie regelmäßig in den Waschwassereimern vor seiner Hütte fand. Die erwachsenen Tiere sind nicht sehr anspruchsvoll, was ihre Wohngewässer angeht. Man findet sie in jeglicher Art von Tümpel, oft auch in schlammigen. Kaulquappen fand RÖDEL jedoch nur in größeren Waldtümpeln mit dichter Unterwasservegetation, die auch während der Regenzeit klares Wasser haben.

Das könnte bedeuten, dass die Gespornten Krallenfrösche auch zu den Laichgewässern Wanderungen unternehmen.

Im Aquarium sind Gespornte Krallenfrösche sehr empfehlenswerte Pfleglinge. Ich pickte meine Exemplare immer aus Sendungen von Böttgers Zwergkrallenfrosch aus Nigeria heraus. Diese Tiere sollen relativ nahe bei Lagos gesammelt werden.

Silurana tropicalis ist eine der kleinsten Krallenfroscharten und wird mit etwa 4 cm Länge nicht viel größer als die Zwergkrallenfrösche. Die Unterscheidung der Geschlechter ist bei jungen Tieren nicht einfach. Geschlechtsreife Männchen besitzen sogenannte Brunftschwielen an der Innenseite des Daumens. Außerdem sind die lappigen Hinterleibsanhänge bei den Weibchen deutlicher als bei den Männchen ausgeprägt.

Gespornte Krallenfrösche, *Silurana tropicalis*.

Der Gespornte Krallenfrosch

Gespornte Krallenfrösche können recht variabel gezeichnet sein.

Die Stimulierung der Krallenfrösche zur Eiablage geht ganz ähnlich wie es schon bei den Zwergkrallenfröschen beschrieben wurde. Dabei kann man aber bei den Großen Krallenfröschen (*Xenopus laevis*) durchaus größere Geschütze auffahren. Der Wasserwechsel kann mit kühlerem (14-16°C) Wasser durchgeführt werden. Häufig wirkt sich auch eine regelrechte Überwinterung der Großen Krallenfrösche bei 10-12°C sehr günstig für die Zucht aus. Die Überwinterung muss bei den Großen Krallenfröschen unter Wasser erfolgen. Am besten ist es, wenn man die Tiere einzeln in entsprechend großen Plastikgefäßen in einem Kühlschrank unterbringt, den man auf die entsprechende Temperatur eingestellt hat. Die Dauer der Überwinterung beträgt 6-8 Wochen. Bereits 2 Wochen vor der geplanten Überwinterung sollte nicht mehr gefüttert werden, damit nicht unverdaute Nahrungsreste im Magen-Darm-Trakt zu Problemen führen. In gemäßigten Breiten bietet es sich an, die Tiere etwa im September im Freiland (auf dem Balkon oder der Terrasse) unterzubringen. Dazu genügen größere ausbruchsichere Schüsseln oder Eimer, in die man einige leere Blumentöpfe als Versteckmöglichkeiten gibt. Da sich erfahrungsgemäß bis Ende September die Temperaturen kontinuierlich bis auf 10-15°C herunterkühlen sind die Frösche anschließend gut für den Kühlschrankaufenthalt konditioniert. Gefüttert wird während der Winterruhe nicht. Nach der Überwinterung kann man die Tiere über einen recht kurzen Zeitraum hinweg wieder an normale Raumtemperatur gewöhnen. Es empfiehlt sich, das Aquarium zunächst mit kaltem Wasser, das in seiner Temperatur dem Kühlschrank entspricht, zu füllen und die Frösche dann unmittelbar einzusetzen. Binnen 24 Stunden nimmt das Aquarienwasser in aller Regel Raumtemperatur an. Die Fortpflanzungsaktivität der Großen Krallenfrösche setzt schon bei 15°C ein, optimal sind jedoch 22°C. Es ist auch nicht so, dass die Frösche direkt nach der Überwinterung zu laichen beginnen, als hätte man einen Schalter

umgelegt. Ein paar Tage Zeit muss man den Tieren schon lassen. Außerdem ist natürlich nach der Winterruhe reichlich und nahrhaft zu füttern. Leerer Bauch laicht nicht gerne.

Auch bei den Großen Krallenfröschen wird das Fortpflanzungsgeschehen durch das Rufen der Männchen eingeleitet. Laborstämme stammen scheinbar oft von südafrikanischen Tieren der Nominatform ab, denn meist wird ein langezogenes Trillern von den Züchtern beschrieben. Genaues hinhören ist jedenfalls von Interesse. Meine ersten Krallenfrösche, die ich um 1983 hielt, riefen ganz anders. Das hörte sich eher an, als würde man mit einem Hammer gegen ein Wasserrohr klopfen. Möglicherweise hatte ich damals *X. laevis poweri*, aber zu diesem Zeitpunkt wusste ich noch nichts von der Formenvielfalt bei *Xenopus* und habe deshalb auch gar nicht speziell auf solche Dinge geachtet.

Auch die Weibchen sind stimmbegabt. Ihr Ruf ist ein leises, kurzes Ticken. Im Anschluß an die Balzgesänge gehen die Männchen auf Brautschau. Genau wie die Zwergkrallenfrösche klammern die Großen Krallenfrösche die Weibchen im Lendenbereich. Ist das Weibchen paarungsbereit, so winkelt es die Hinterbeine daraufhin an. Nicht paarungsbereite Weibchen lassen hingegen die Hinterbeine lang ausgestreckt.

Im Gegensatz zu den Zwergkrallenfröschen machen die Großen Krallenfrösche keinen Paarungssalto. Sie schwimmen in der Paarungshaltung einige Zeit umher und laichen dabei ab. Die Eier werden einzeln an Pflanzen oder andere Gegenstände angeheftet oder auch frei ins Wasser abgegeben. Die den Keimling umgebende Gallerte quillt nach der Eiablage stark auf. Damit wird zum Einen ein Ei, wenn es z.B. zwischen Pflanzen abgelegt wurde, besser fixiert, zum Anderen macht es die Gallertschicht aber schädlichen Mikroorganismen auch schwerer, zum empfindlichen Keim vorzudringen. Insgesamt sind von einem Paar 500 bis 1000 Eier zu erwarten.

Auch beim Großen Krallenfrosch sind die Elterntiere dem eigenen Kaviar nicht abgeneigt. Man entfernt sie also besser nach der Eiablage aus dem Zuchtaquarium, das etwa 40 x 40 x 40 cm groß sein sollte.

Bei 22°C schlüpfen die Larven nach etwa 2-3 Tagen. Auch sie ernähren sich zunächst vom Dottersack, nehmen sie jedoch die freischwimmende Körperhaltung ein (dazu müssen sie die Wasseroberfläche durchstossen und Luft schnappen), wird es für den Pfleger ernst. Er muss diesen Filtrieren das richtige Futter zur Verfügung stellen. Das Hauptproblem dabei ist, dass die Larven, anders als beim Zwergkrallenfrosch, feinste Futterpartikel filtrieren. Und sie müssen, sollen sie vernünftig wachsen und gedeihen, "im Futter stehen", wie man in Aquarianerkreisen sagt. Dieses Futter besteht in der Praxis aus Bäckerhefe und Brennesselpulver. Bäckerhefe kann man in jedem Supermarkt für ein paar Cent kaufen, Brennesselpulver macht man selbst, indem man möglichst junge Brennesseltriebe sammelt, trocknet und anschließend pulverisiert. Ich benutze dazu eine kleine elektrische Kaffeemühle, es geht aber auch in der Küchenmaschine oder einem Mörser. Die Hefe und/oder das Brennesslpulver wird zunächst mit Wasseraufgeschwemmt (suspensiert) und anschließend in ein ganz feines Sieb gegeben. Dieses Sieb schwenkt man im Aquarium, so dass sich die Futterlösung verteilt. Um das Futter möglichst lange in der Schwebe zu halten, muss man entweder grobperlig durchlüften (auf keinen Fall durch einen feinen Ausströmerstein! Die Kaulquappen könnten die feinen Luftbläschen schlucken und jämmerlich daran zugrunde gehen) oder eine kleine Motorpumpe ohne Filtereinheit in das Aquarium hängen. Die Strömung darf dabei nicht zu stark sein.

Da das Wasser bei dieser Form der Fütterung sehr schnell verdirbt, muss täglich ein großzügiger Wasserwechsel vorgenommen werden, bei dem man immer sorgfältig den Boden von allen Schmutzpartikeln befreit. Immer wieder werden kleine Wasserschnecken verschiedener Art empfohlen, die sich als Restevertilger nützlich machen sollen. Nach meiner Erfahrung klappt das nur selten. Die Schnecken sind ziemlich empfindlich gegenüber schlechten Wasserbedingungen, sterben oftmals schnell ab und belasten das Wasser dann nur zusätzlich.

Insgesamt ist die Aufzucht der Kaulquappen also ziemlich aufwendig und es empfiehlt sich, lieber nur ein paar Dutzend Kaulquappen aufzuziehen, als eine Massenzucht zu probieren, die leicht völlig daneben geht.

Die glücklichen Besitzer eines Gartens können sich aber auch anders helfen. Im Baustoffhandel kann man sehr preiswert Plastikwannen von ca. 60 Litern Inhalt erstehen. Davon kauft man 4 oder 5, füllt sie mit Leitungswasser und stellt sie im Garten an einer sonnigen Stelle auf. Auf die Wassermenge setzt man die Menge eines handelsüblichen Blumendüngers zu, wie sie der Anreicherung zum Gießwasser entsprechen würde. Die Folge dieser, wassertechnisch gesehen, katastrophalen Überdüngung ist eine Algenblüte. Im Idealfall wird das Wasser vollkommen undurchsichtig grasgrün. Diese Brühe ist ein ideales Aufzuchtmilieu für die Krallenfroschkaulquappen. Da die Larven, ebenso wie die Eltern, weitgehen temperaturunempfindlich sind, kann man sie in der Regel ab Mitte Mai bis Ende Juli draußen zur Aufzucht einsetzen. Klärt sich das Wasser zu stark, müssen die Kaulquappen in den nächsten Behälter umgesetzt werden. Ein alter Algenzüchtertrick ist, im Falle von zu wenig Algenwachstum, einige ccm Urin dem Wasser beizumischen.

Leider klappt all dies nur auf dem Papier so völlig reibungslos. Manchmal wollen die richtigen Algen einfach nicht wachsen und es bilden sich nur Faden- oder Schmieralgen. Erstere sind eine tödliche Gefahr für die Kaulquappen, die sich darin verfangen und jämmerlich eingehen können. Letztere sind als Nahrung für die Kaulquappen ungeeignet. Es ist ganz günstig, wenn Sie schon vor einem Ablaicherfolg ein wenig mit der Technik experimentieren.

Die Entwicklungszeit der Kaulquappen beträgt rund 40 Tage bei 22°C, im Freiland ist das ist natürlich stark von der Witterung abhängig.

Wenn Sie draußen eine Aufzucht versuchen, sorgen Sie unbedingt dafür, dass der Aufzuchtbehälter absolut ausbruchsicher gestaltet ist. Selbst in Deutschland besteht die Gefahr einer Auswilderung! Die frisch verwandelten Frösche können sich, ähnlich wie die Zwergkrallenfrösche, durch Benutzung ihres nassen Bauches als Saugnapf selbst an senkrechten Glasflächen nach oben arbeiten. Kaulquappen könnten bei einem heftigen Regenguss aus der überlaufenden Tonne gespült werden und so in freie Gewässer entweichen. Das gilt es unter allen Umständen zu verhindern, denn fremde Lebewesen können in der freien Natur verheerende Schäden anrichten (s. Kapitel "Die bekrallte Pest").

Etwas anders gestaltet sich die Zucht des Gespornten Krallenfroschs, *Silurana tropicalis*. Einer wesentlichsten Gründe, weshalb *Silurana* gegenüber *Xenopus* von den meisten Wissenschaftlern der Rang einer eigenständigen Gattung eingeräumt wird, ist, dass *Silurana*, ganz ähnlich wie die Zwergkrallenfrösche, sich mit Salto rückwärts paaren. Auch bei *Silurana* schwimmen die Eier an der Wasseroberfläche.

Die Kaulquappen sind jedoch Filtrierer, genau wie bei *Xenopus* und entsprechen schwierig gestaltet sich ihre Aufzucht. Sie entwickeln sich scheller als die von *Xenopus laevis*, allerdings brauchen sie auch etwas höhere Temperaturen. 25°C sind genau richtig. Ach so, die Stimulierung der Erwachsenen erfolgt im Falle von *Silurana tropicalis*, der ja den Tropengürtel bewohnt, ohne Winterruhe. Es hat sich bewährt, die Temperatur zur Zucht auf etwa 30°C zu erhöhen, kräftig zu füttern und vier bis fünf Wochen keinen Wasserwechsel durchzuführen. Anschließend führt man über einige Tage hinweg mit etwa 24°C kühlem Wasser mehrere großzügige (etwa 80% des Beckeninhalts) Wasserwechsel durch und heizt im Anschluß an die Wasserwechsel immer wieder rasch auf ca. 30°C auf. Meist erfolgt im Anschluß an diese Prozedur das Ablaichen.

Wie gesagt, die Entwicklung der Kaulquappen ist schneller als bei *Xenopus* und die Metamorphose erfolgt schon nach 25 bis 30 Tagen.

Die Kaulquappen von *Silurana* sind ausgesprochene Schwarmtiere, die sich auch dann im Schwarm zusammenfinden, wenn kein Feind sie beunruhigt. Typisch ist die leicht mit dem Kopf nach unten geneigte Körperhaltung, die die filtrierenden Kaulquappen von *Xenopus* und *Silurana* einnehmen.

Nach der Metamorphose sind die jungen Großen und Gespornten Krallenfrösche schon genauso zu ernähren, wie ihre Eltern, nur muss das Futter entsprechend kleiner sein.

Laichballen des Krallenfroschs *Xenopus laevis* mit frischgeschlüpften Kaulquappen.

Infusorien

Für sehr kleine Jungtiere sind Artemia-Nauplien als Erstfutter oft ungeeignet, weil sie noch zu groß sind. In solchen Fällen muss man auf noch kleinere Futtertierchen zurückgreifen, die man als Infusorien oder Aufgusstierchen bezeichnet.

Aufgusstierchen heißen sie deshalb, weil die geradezu klassische Methode, sie zu gewinnen, der Heuaufguss ist. Man nimmt eine Handvoll guten Wiesenheus, gibt es in ein großes Einmachglas von vielleich 2 Litern Inhalt und füllt das Glas mit Aquarienwasser auf. Nach kurzer Zeit wird das Wasser trübe und fängt ziemlich an zu stinken. Die Trübung und der betörende Duft kommen von massenhaft sich vermehrenden Bakterien, die das Heu als Nahrungsquelle nutzen. Bakterien nützen uns als Futter nichts, die sind zu klein. Aber in dem Glas wird nach 3-4 Tagen das Wasser wieder klar und auch der Gestank lässt nach. Was ist geschehen?

Bereits mit bloßem Auge sieht man winzige, weißliche Striche durch das Glas schwimmen: Pantoffeltierchen (*Paramecium*), die so heißen, weil ihr Aussehen an einen bequemen ausgelatschten Filzpantoffel erinnert. Es gibt noch jede Menge weitere Aufgusstierchen, deren Existenz sich unter dem Mikroskop erschließt: Glockentierchen (*Vorticella*), Amöben (*Amoeba*) und verschiedene andere. Alle diese Organismen ernähren sich von den Bakterien und so erklärt sich auch, warum das Wasser im Heuaufgussglas wieder klar wurde. Als Futter kommen aber in erster Linie die Pantoffeltierchen in Betracht. Ist das Wasser einigermaßen klar, so gießt man das Ganze durch ein normales Küchensieb. Das Wasser mit den Infusorien gibt man als Futter in das Aufzuchtaquarium. Dabei ist darauf zu achten, dass die Temperatur des Infusorienwassers dem des Aquariums anzugleichen ist. Dazu hängt man das Infusorienwasser am einfachsten für eine Stunde in das Aufzuchtaquarium und spült es dann aus.

Nicht immer funktioniert der Heuaufguss so problemlos. Manchmal stinkt die Brühe tagelang vor sich hin, wird nie klar und schließlich schwarz und schwefelig. In diesem Fall war die Heumenge zu groß und durch die Fäulnistätigkeit wurde zuviel Sauerstoff verbraucht, ohne den auch die Pantoffeltierchen und Co. nicht existieren können. Oft bildet sich eine sehr zähe Kahmhaut aus Bakterien und Hefen, die man tunlichst entfernen sollte.

Um diese Unwägbarkeiten auszuschließen, züchten viele Aquarianer mit Reinkulturen von Pantoffeltierchen. Diese Reinkulturen sind zwar bei weitem nicht so ergiebig, haben aber den Vorteil, immer zur Hand zu sein, wenn man sie braucht und auch nicht zu stinken. Pantoffeltierchen in Reinkultur ernährt man mit Kondensmilch. Dabei gibt man 1-2 Tropfen Kondensmilch mit einer Pipette auf 1 Liter Wasser und füttert erst nach, wenn das Wasser wieder klar ist. Zum Zuchtansatz gelangt man, indem man die Filterwatte des Aquariums in einer kleinen Schüssel auswäscht. Dieses Waschwasser mit all seinem Dreck füllt man in eine 1-Liter-Weinflasche und fügt 1-2 Tropfen Kondensmilch hinzu. Es hat sich bewährt, ein Artemia-Kulturgerät an der Flasche anzubringen und ganz schwach zu belüften (eine Luftperle pro Sekunde). Binnen relativ kurzer Zeit wird man die Entwicklung von Pantoffeltieren beobachten können. Zur Entnahme, nimmt man das Artemia-Kulturgerät ab, stopft etwas Filterwatte in den Flaschenhals und füllt nun die Flsche ganz bis obenhin mit klarem Leitungswasser auf, so dass über der Filterwatte im Flaschenhals etwa 4 cm Wasser stehen. Im unteren Teil der Flasche entsteht jetzt ziemlich schnell Sauerstoffmangel. Insinktiv suchen die Pantoffeltierchen sauerstoffreiche Regionen an der Wasseroberfläche. Sie arbeiten sich dabei durch die Filterwatte hindurch und können nun bequem in sauber mit der Pipette entnommen werden.

Sehr gut sind auch gezüchtete Rädertierchen (Rotatoria) als Aufzuchtfutter geeignet. Die Fütterung erfolgt ebenfalls mit Kondensmilch. Leider kann man diese Zuchtansätze nicht kaufen. Man muss also versuchen, einen Zuchtansatz von einem Fischzüchter zu bekommen.

Artemia-Erbrütung

Artemia salina gehört zu einer uralten Gruppe von krebsartigen Tieren, den sogenannten Kiemenfüßern. Sie zeichnen sich dadurch aus, dass alle Arten als Anpassung an ihren periodisch austrocknenden Lebensraum Dauereier entwickeln. Diese Eier können Wochen, Monate oder Jahre im Zustand völliger Trockenheit im Bodenschlamm überdauern. Das Salinenkrebschen hat sich an besonders stark salzhaltige Lebensräume angepasst, obwohl die übrigen Kiemenfüßer ziemlich empfindlich auf Salz reagieren. In diesem extremen Lebensraum haben die Artemia kaum natürliche Feinde und können sich massenhaft vermehren – die Grundlage dafür, dieses Tierchen als Futtertier wirtschaftlich nutzen zu können. Die in der Aquaristik verwendeten Artemia stammen aus den großen Salzseen in den USA. Erwachsene Artemia sind etwa 1,5 cm lang.

Während die meisten anderen Futtertiere in Gewässern leben, in denen auch Fische vorkommen, ist das bei Artemia niemals der Fall. Dadurch sind Salinenkrebschen auch niemals Überträger von Fischkrankheiten. Besonders bei der Eingewöhnung von stressempfindlichen Wildfängen ist Artemia ein unentbehrliches Diätfutter.

Artemia-Dauereier kann man in jeder Zoofachhandlung kaufen. Zum Erbrüten benötigt man Salzwasser. Die Salzkonzentration darf zwischen 3% und 8% liegen. Am einfachsten nimmt man 3 Esslöffel Salz auf einen Liter Wasser, wenn man schnell Nauplien braucht, etwa weil gerade eine Zucht geklappt hat. Dabei schlüpfen immer Nauplien aus. Doch um eine optimale Schlupfrate zu erzielen, sollte man, wenn es die Zeit erlaubt, etwas mit der Salzkonzentration experimentieren. Meist ist es so, dass die Salzkonzentration für eine optimale Schlupfausbeute der Artemiaeier von Charge zu Charge etwas schwankt. Bei einer Temperatur von 18–32°C schlüpfen die Nauplien nach 24–36 Stunden. Die Brutzeit ist temperaturabhängig. Um eine maximale Ausbeute zu erhalten, sollte man einen Ansatz 48 Stunden stehen lassen.

Am einfachsten benutzt man haushaltsübliches Kochsalz für die Kultur von Artemia. Dabei muss man unbedingt darauf achten, dass dem Kochsalz keine Fluor- oder Jodzusätze beigefügt sind. Das vertragen die Artemia nämlich nicht. Lästig sind gelegentlich die dem Kochsalz beigefügten Trennmittel, die die Streufähigkeit des Salzes gewährleisten. Sie schaden zwar den Artemia nicht, doch haben sie Einfluss auf die Salzkonzentration. Oft hat man am Ende der Packung nur noch Trennmittel und kaum noch Salz. Ich empfehle daher grobkörniges Kochsalz, wie es für Salzmühlen im Handel angeboten wird. Hier ist kein Trennmittel beigefügt und das Salz ist leicht zu dosieren. Luxuriös ist die Verwendung von Meeressalz für Seewasseraquarien. Mit diesem etwas teureren Salz hat man allerdings hervorragende Schlupfergebnisse. Man wird es vor allem dann einsetzen, wenn man vorhat, die Artemia weiter aufzuziehen und an größere Fische zu verfüttern.

Für eine größere Menge Artemia-Eier (bis etwa $1/2$ Eßlöffel) benötigt man eine Membranpumpe, Luftschlauch, eine leere 1-Liter-Flasche (Weinflaschen haben sich sehr bewährt) und ein Artemia-Kulturgerät. Wenn man kontinuierlich füttern will, am besten zwei Weinflaschen (Prost!) und zwei Kulturgeräte. Das ist sehr einfach, nur das Blubbern der Flaschen und das Brummen der Membranpumpe nervt empfindliche Menschen. Braucht man nur sehr geringe Mengen Artemia-Nauplien (für etwa 30–50 Jungfische), so geht es auch geräuschlos. Dazu benötigt man nur kleine (300 ml) Einmachgläser, die man mit der Salzlösung füllt. Dann streut man eine Messerspitze voll Eier auf die Oberfläche. Die Oberflächenspannung des Wassers hält die Eier dann bis zum Schlupf an der Oberfläche, wo sie gut mit Sauerstoff versorgt sind.

Artemia-Nauplien schwimmen immer zum Licht hin. Man nennt dieses Verhalten positiv phototaktisch. Zur Entnahme stellt man dann das Kulturgefäß leicht schräg gegenüber einer stärkeren Lichtquelle auf. Die Nauplien sammeln sich dann an der dem Licht zugewandten Seite. Die zuletzt geschlüpften, noch ganz jungen Artemia sammeln sich dabei an der tiefsten Stelle des Gefäßes. Nun kann man sie einfach mit einem dünnen Schlauch absaugen und mit einem Artemia-Sieb auffangen.

Die bekrallte Pest?

Die große Anpassungsfähigkeit des Großen Krallenfroschs bedeutet unter Umständen eine Gefahr für andere Tierarten, nämlich dann, wenn *Xenopus laevis* aus der Gefangenschaft entweicht und sich einem Land ansiedelt, in das er eigentlich nicht gehört.

Die Gefahren, die von solchen Faunenverfälschungen ausgehen, sind vielfältig. Nahezu immer tritt ein Fremdorganismus in direkte Konkurrenz mit einem ursprünglich einheimischen Organismus, denn unbesiedelte Lebensräume sind in der Natur kaum anzutreffen. Dabei zeigen sich die Fremdorganismen oft als Konkurrenzstärker, weil ihre natürlichen Feinde oder andere bestandsregelnde Faktoren fehlen. Die Folge ist das Aussterben oder Seltenwerden der heimischen Art. Daher ist das Aussetzen fremdländischer Arten mittlerweile weltweit sehr zu recht verboten.

Eine andere Gefahr, die immer von eingeschleppten Arten ausgeht, ist, dass sie Krankheitserreger mitbringen, gegen die sie zwar selbst, die einheimischen Arten aber in keinster Weise immun sind. Ein gutes Beispiel hierfür ist die Krebspest, eine Pilzerkrankung, die durch nordamerikanische Krebsarten nach Europa gebracht wurde und die europäischen Arten an den Rand der Ausrottung brachte.

Wie sieht es im Falle des Großen Krallenfrosches aus? Auch wenn es erstaunen mag, selbst im kalten Deutschland kann sich *Xenopus laevis* ganzjährig im Freiland halten und auch fortpflanzen. Einen sehr ausführlichen Artikel hierzu veröffentlichte Herman Kahmann 1949 in der Zeitschrift DATZ. Bislang wurden zwar keine dauerhaften Populationen des Krallenfroschs in Deutschland bekannt, aber wo sollten solche Informationen auch herkommen. Aufgrund der unsinnigen deutschen Naturschutzgesetze geht ja kaum noch jemand tümpeln. Die Gefahr, dass Krallenfrösche sich hier ansiedeln könnten ist jedoch real und deshalb ist unbedingt zu fordern, dass jeder Halter von Großen Krallenfröschen verantwortungsbewußt mit diesen Tieren umgeht und auf jeden Fall verhindert, dass Exemplare in die Natur entweichen.

In Europa haben sich bislang nur in Großbrittanien Krallenfrösche erfolgreich angesiedelt, und zwar auf der Isle of Wight, wo die Population vermutlich in den 1970er Jahren erlosch, und in South Wales, wo wohl noch immer wildlebende Bestände existieren. Immerhin werden die größten Populationen auf bis zu 1000 Individuen geschätzt! Im Detail kann man dazu nachlesen bei Measey, G.J., & Tinsley, R. C., 1998: Feral Xenopus laevis in South Wales. The Herpetological Journal 8: 23-27. Bislang scheinen die Krallenfrösche in South Wales keinen Schaden angerichtet zu haben.

Unterschiedlich diskutiert werden die Folgen der Einschleppung des Großen Krallenfroschs nach Kalifornien, Texas und andere US-Bundesstaaten, sowie nach Chile (Santiago). Es gibt sehr interessante Webpages zu der Problematik der "Alien Species", wie man eingeschleppte Tier- und Pflanzenarten nennt (der Fachausdruck lautet "Neozoen" für Tiere und "Neophyten" für Pflanzen), z.B. http://www.issg.org, wo viele interessante Informationen weltweiter Herkunft zusammengetragen werden. Dort wird auch vor dem Großen Krallenfrosch gewarnt. In Kalifornien jedoch, dem Staat mit dem größten Krallenfroschvorkommen außerhalb Afrikas, wo *Xenopus laevis* in den 1960er Jahren heimisch wurde, sieht man das Ganze etwas entspannter. Magenuntersuchungen zeigten, dass die Kaulquappen, die die Krallenfrösche gefressen hatten, fast ausschließlich Angehörige der eigenen Art waren. Die Untersuchungen an den Lebensräumen der Art in Kalifornien zeigte, dass die Krallenfrösche vor allem künstlich angelegte Wasserkörper besiedeln, in den einheimische Arten gar nicht vorkommen. Ob man also in diesem Fall der Einschleppung einer fremden Art nochmal Glück hatte? Wer weiß.

Krallenfrösche besiedeln also vor allem künstliche, ziemlich sterile Wasserkörper, wo sie sich außerhalb ihres eigentlichen Verbreitungsgebietes etabliert haben. Als man untersuchte, wovon sie sich dort ernähren, stiess man auf Erstaunliches: Die Mägen der untersuchten Tiere enthielten zu bestimmten Zeiten vorwiegend Kaulquappen der eigenen Art!

Die übliche Nahrung der Krallenfrösche stellen, zieht man Vergleichsuntersuchungen heran, vor allem größere Insekten dar. In neuen, kahlen Lebensräumen herrscht aber unter Umständen gewaltiger Nahrungsmangel. Zwar macht Krallenfröschen auch ein mehrwöchiges Fasten kaum etwas aus, aber auf die Dauer muss sogar ein *Xenopus* mal was fressen.

Der Überlebenstrick der Krallenfrösche: Sie setzen Nachwuchs in die Welt! Das klingt auf den ersten Blick widersinnig. Ist es aber nicht. Die Kaulquappen von *Xenopus* ernähren sich nämlich bekanntlich von Mikroplankton, und daran mangelt es in frisch angelegten, künstlichen Teichen kaum jemals, wie viele Gartenteichbesitzer zu ihrem Leidwesen schon lernen mussten.

Wenn man nun daran denkt, dass ein einziges *Xenopus*-Weibchen von 6,5 cm Länge schon locker 1.000 Eier auf einmal legen kann, ein 10,5 cm langes Weibchen gar 17.000

Eier und dass *Xenopus* durchaus mehrfach pro Brutsaison ablaichen, kommt da einiges zusammen. Die Folge dieses Treibens: Hunderte und tausende von *Xenopus*-Kaulquappen, die das für die Erwachsenen unbrauchbare Mikroplankton in wertvolles Bioeiweiß umwandeln.

Vielleicht ist diese Überlebenstechnik aus menschlicher Sicht moralisch nicht ganz einwandfrei. Sie ist aber in jedem Fall wirkungsvoll.

Kaulquappen von *Xenopus laevis* dienen ihren Erzeugern gelegentlich als Nahrungsgrundlage.

Vom Aussterben bedroht

Xenopus laevis ist jedoch zu einer wirklichen Bedrohung für einen Verwandten in seiner Heimat Südafrika geworden. Dort lebt unter anderem die Art *Xenopus gilli*, der Kap-Krallenfrosch. Das ist eine besonders hübsche und kleinbleibende Art der Gattung *Xenopus*. Sie erreicht nur eine Länge von etwa 5 cm. Man vermutet, dass das Areal von *Xenopus gilli* und *X. laevis* bis vor gar nicht allzu langer Zeit (ein paar tausend, vielleicht auch nur einige hundert Jahre) voneinander isoliert war und irgend eine für den Großen Krallenfrosch unüberwindbare Barriere existiert haben muss. Während dieser Zeit passte sich die Art *X. gilli* ziemlich extremen Umweltbedingungen an und ist heute spezialisiert auf küstennahe, sehr nährstoffarme Gewässer des südafrikanischen Küstenstreifens in der Umgebung von Kapstadt,

Xenopus gilli, der Kap-Krallenfrosch

die durch Huminsäuren einen pH-Wert um 4 aufweisen und in die gelegentlich sogar Brackwasser einfließt. Diese Parameter, verbunden mit ziemlich niedrigen Temperaturen (16-22°C) fordern sie auch in Gefangenschaft, sonst bleiben Zuchterfolge aus. Daher ist der Kap-Krallenfrosch kaum in den Aquarien anzutreffen. *Xenopus gilli* ist nicht nur kleiner, sondern auch weniger flink und räuberisch als sein größerer Verwandter *X. laevis*. Kommen beide Arten gemeinsam vor, bastardieren sie auch noch miteinander und bilden Hybridpopulationen. Die Zeitabstände der Artbildung bei den Krallenfröschen scheinen relativ kurz gwesen zu sein, bzw. der Zeitraum zwischen der Artbildung hat noch nicht ausgereicht, um Kreuzungsbarrieren aufzubauen. Wir kennen ähnliche Fälle bei bestimmten einheimischen Fröschen (Grünfrösche des Rana-esculenta-Komplexes) oder auch bei Lebendgebärenden Zahnkarpfen. Obwohl erfreulicherweise das Areal doch nicht ganz so beschränkt zu sein scheint, wie hier noch angegeben wird (es werden immer wieder ein-

mal neue Funde gemeldet) sieht es daher für die Zukunft des Kap-Krallenfrosches düster aus.

Bereits verschollen ist eine Unterart des Großen Krallenfrosches, die aus dem Bunyoni-See in Uganda beschrieben wurde: *Xenopus laevis bunyoniensis*. Es handelte sich dabei um die langbeinigste aller Formen des Großen Krallenfrosches. Heute findet man in dem Bunyoni-See nur noch Angehörige der Unterart *X. l. victorianus*. Über die Gründe dieses Verschwindens ist mir nichts bekannt. Vielleicht wurden Kaulquappen von *X. l. victorianus* mit Besatzfischen in den See eingeschleppt und die ursprünglich dort vorkommende Rasse hatte dem Neuankömmling nichts entgegenzusetzen. Möglicherweise geschah die Verdrängung von *X. l. bunyoniensis* aber auch durch die Art *X. wittei*, die seit Mitte der 1920er Jahre im Sammlungsmaterial vom See auftauchte und sich seitdem dort invasiv ausbreitet. Leider erlaubt die große Unsicherheit bei der Bestimmung alten konservierten Materials derzeit keine genaue Rekonstruktion der Geschehnisse. Die Geschichte von *X. l. bunyoniensis* bleibt ein Rätsel.

Bislang war immer nur von relativ wenigen Arten der Zungenlosen die Rede. Das hat seinen Grund. Im Zoofachhandel und in der Liebhaberliteratur werden immer wieder die selben Arten erwähnt. Es gibt aber eine ganze Menge mehr Arten und von allen wäre es es wünschenswert, sie auch einmal im Aquarium zu halten und zu züchten. Sehr interessant in diesem Zusammenhang ist, dass es wahrscheinlich noch eine ganze Menge mehr Arten gibt, als der Wissenschaft bislang bekannt ist. Immer wieder wird von Feldforschern darauf hingewiesen, dass die Informationen über die Lebensgeschichte einzelner Arten ziemlich widersprüchlich sind und es wahrscheinlich machen, dass in Wirklichkeit von mehreren verschiedenen Arten die Rede ist. Äußerlich sehen sich zahlreiche Arten aber auch wirklich verflixt ähnlich und lebende Exemplare ohne Kenntnis der Herkunft auseinanderzuhalten ist oft sehr schwierig. Da außerdem fast alle Krallenfrösche der Gattung *Xenopus* miteinander bastardisieren können, ist es ziemlich wichtig, nur Tiere vom selben Fundort zu vermehren und sie möglichst auch mit Fundortbezeichnung oder irgend einer anderen Zusatzbezeichnung (z.B. Import aus Gabun, 1987) weiterzugeben, damit die Reinblütigkeit der in den Aquarien gehaltenen Tiere gewährleistet bleibt.

Freilich ist die Situation im Falle der Krallenfrösche nicht ganz so problematisch, da sich weltweit verschiedene Institute auch mit der Zucht zahlreicher Arten befassen. Aber solche Zustände können sich sehr schnell ändern, wenn Geldquellen versiegen und Institute geschlossen werden. Darum folgt jetzt hier eine Liste aller bislang bekannten Arten mit Verbreitungsgebiet. Freilich ist das Verbreitungsgebiet insofern unter Vorbehalt zu sehen, als dass tatsächliche Areal vieler Arten kaum erforscht ist und zudem nicht immer klar ist, welche Art einem Feldforscher im Einzelnen vorlag.

Hier nun eine Liste aller Arten, einen Bestimmungsschlüssel zu den Gattungen findet man weiter hinten:

Gattung *Hymenochirus* BOULENGER, 1896-
Zwergkrallenfrösche
H. boettgeri boettgeri (TORNIER, 1896): Typusfundort: Ituri, nahe Wandesoma, Deutsch-Ost-Afrika (heute Tansania). Bislang bekannte Verbreitung: Nigeria, Kongo-Becken bis Ost-Kongo, West- und Südkamerun. Ca. 3,5 cm.
H. b. camerunensis PERRET & MERTENS, 1957: Typusfundort: Foulassi, Kamerun. Bislang bekannte Verbreitung: Kamerun (Foulassi, Ebelowa, Bouguma). Ca. 3,5 cm.
H. boulengeri DE WITTE, 1930: Typusfundort: Uélé, Nordosten der D.R. Kongo. Bislang nicht von anderen Aufsammlungen gemeldet. Ca. 3 cm.
H. curtipes NOBLE, 1924: Typusfundort: Zambi (unterer Kongo). Bislang bekannte Verbreitung: Unteres Kongo-Becken. Ca. 3 cm
H. feae BOULENGER, 1905: Typusfundort: Fernand-Vaz, Französisch Kongo. Bislang bekannte Verbreitung: D. R. Kongo und Gabun. Ca. 5 cm.

Gattung *Pseudhymenochirus* CHABANAUD, 1920
P. merlini CHABANAUD, 1920: Typusfundort: Conakry (Guinea). Bislang bekannte Verbreitung: Guinea Bisseau, Guinea, Sierra Leone. Ca. 4 cm.

Gattung *Silurana* GRAY, 1864
S. epitropicalis FISCHBERG, COLOMBELLI & PICARD, 1982: Typusfundort: Umgebung von Kinshasa (D.R. Kongo); Bislang bekannte Verbreitung: Tieflandregenwald östlich und westlich des Kamerun-Berges bis zur östlichen Grenze von der D. R. Kongo und bis Angola (Norden). Ca. 7 cm (Männchen ca. 20% kleiner). Exemplare von Kinshasa sind einfarbig graubraun, Tiere anderer Herkunft haben einen marmorierten Rücken mit kleinen gelben, schwarzen und oliven Flecken. Ruf: whahawhawha, etwa 5 "wha" pro Sekunde.
S. tropicalis GRAY, 1864: Typusfundort: Lagos (Nigeria). Bislang bekannte Verbreitung: Tieflandregenwald West-

afrikas, von Nigeria bis Senegal. Ca. 5 cm (Männchen ca. 15% kleiner). Zur Färbung siehe Abbildungen in diesem Buch. Ruf: Ein tiefes Rasseln über mehrere Sekunden: roarorar....

Gattung *Xenopus* WAGLER, 1827 - Krallenfrösche
X. amieti KOBEL, DU PASQUIER, FISCHBERG & GLOOR, 1980: Typusfundort: Mt. Manengouba (Kamerun). Bislang bekannte Verbreitung: Kamerun (Westen, Hochland über 1200 Meter). Ca. 5,5 cm (Männchen ca. 25% kleiner). Der Rücken ist dunkel grau-braun, ein transverses Band ist oft vorhanden, einige unregelmäßige dunkle Flecken auf dem Rücken und an den Beinen. Ruf: kurze, hohe, metallisches Klicker: cri, cri (etwa 2/sec.).
X. andrei LOUMANT, 1983: Typusfundort: Longyi (nahe bei Kribi, Kamerun). Bislang bekannte Verbreitung: Zentralafrikanische Republik, Gabun (Norden), Kamerun (Tiefland). Ca. 4 cm (Männchen ca. 5-10% kleiner). Farblich nicht von dem sehr ähnlichen *X. fraseri* unterschieden, das untere Augenlid bedeckt nur etwa die Hälfte des Auges (drei Viertel bei *X. fraseri*). Ruf: Kurze Triller von etwa 0,5 sec. Dauer: riing, riing.
X. borealis PARKER, 1936: Typusfundort: Marsabit (Kenia). Bislang bekannte Verbreitung: Kenia (normalerweise über 1500 Meter Höhe, nur bei Marsabit auch tiefer). Ca. 7,5 cm (Männchen etwa 20% weniger). Dunkelbraun bis stahlblau, mit 30-40 unregelmäßigen, schwarzen Flecken, die im hinteren Teil des Körpers und auf den Schenkeln dichter sind. Ruf: Ähnlich dem Klappern von Tischtennisbällen: tack, tack, meist 2/sec., gelegentlich sich steigernd bis zu 12/sec.
X. boumbaensis LOUMONT, 1983: Typuslokalität: Mawa, im Boumba-Tal, Kamerun. Bislang bekannte Verbreitung: nur aus dem Boumba-Tal bekannt. Ca. 4,5 cm (Männchen 25-30% kleiner). Gelblich oliv, mit länglichen Flecken hinter und zwischen den Augen, zahlreiche kleine Flecken auf dem Rücken und den Schenkeln. Ruf: 1-2 metallische

Impulse/sec.: crick, crick.
X. clivii PERACCA, 1898: Typusfundort: Saganeiti und Adi Caié (Erythrea). Bislang bekannte Verbreitung: Athiopien, Erythrea, über 1500 Meter Höhe. Ca. 7 cm (Männchen 25% weniger). Graubraun mit 15 bis 30 unregelmäßigen Flecken, Schenkel mit länglichen Flecken. Die Brunftschwielen der Männchen auf der Innenseite der Vorderbeine reichen bis auf die Brust, was bei keiner anderen Xenopus-Art vorkommt. Ruf: ein rollendes Quaken, ein Ruf/sec.: qua, qua...
X. fraseri BOULENGER, 1905: Typusfundort: West Afrika (ohne nähere Angaben). Bislang bekannte Verbreitung: Kamerun (Süden) und Gabun (Norden). Ca. 4,5 cm (Männchen 20-25% kleiner). Graubraun, gelegentlich mit einem transversen Band hinter den Augen. Hinterkörper und Schenkel mit wurmartiger Zeichnung. Ruf: langanhaltende Triller: iii...iiing, iii....iiiing, mit einer Impulsrate von 150/sec..
X. gilli ROSE & HEWITT, 1925: Typusfundort: Nahe Kapstadt (Südafrika). Bislang bekannte Verbreitung: Südafrika (Kap-Region). Ca. 5,5 cm (Männchen etwa 30% kleiner). Zur Färbung s. Abbildung in diesem Buch. Ruf: kurze Triller: vrii, vrii, vrii, 1-3 Rufe/sec..
X. laevis laevis (DAUDIN, 1803): Typusfundort: Südafrika ("Cape Colony)"); Bislang bekannte Verbreitung: Namibia, Südafrika, Botswana (Osten), Simbabwe, Malawi. Ca. 11 cm (Männchen ca. 25% kleiner). Zur Färbung und zum Ruf der Unterarten siehe Kapitel "Der Große Krallenfrosch".
X. l. bunyoniensis LOVERIDGE, 1932: Typusfundort: Bunyoni-See, Uganda. Ca. 6 cm. Wahrscheinlich ausgestorben.
X. l. petersi DU BOCAGE, 1895: Typusfundort: Dondo (Angola). Bislang bekannte Verbreitung: Angola (Nordwesten), Kongo (Westen). Ca. 6.5 cm (Männchen etwa 25% kleiner).
X. l. poweri HEWITT, 1927: Typusfundort: Victoria Falls (Sambia); Bislang bekannte Verbreitung: Namibia (Norden), Angola (nicht im Nordwesten), Botswana (Oka-

Die Viktoriafälle in Sambia. In ihrer Umgebung wurde das Typusmaterial von *Xenopus laevis poweri* gesammelt.

vango), Sambia, D. R. Kongo (Südosten), Tanzania (Südwesten Unzunwe-Gebirge). Ca. 6,5 cm (Männchen etwa 20% kleiner).

X. l. sudanensis PERRET, 1966: Typusfundort: Ngaoundéré (Kamerun). Zentralafrikanische Republik, Nigeria (Osten), Kamerun (Hochland im Westen und Zentrum). Ca. 6 cm (Männchen 20% kleiner).

X. l. victorianus AHL, 1924: Typusfundort: Busisi, Viktoriasee (Tansania). Bislang bekannte Verbreitung: Uganda und angrenzender Sudan, Tansania (Norden), Kenia (Südwesten), Burundi, Ruanda, D. R. Kongo (Osten). Ca. 6,5 cm (Männchen 25% kleiner).

X. largeni TINSLEY, 1995: Typusfundort: Sidamo-Privinz (Südliches Äthiopien). Bislang bekannte Verbreitung: Bale Berge im südlichen Äthiopien in Höhen um 2600 Meter. Ca. 5,5 cm (Männchen 30% kleiner). Einfarbig braun ohne Flecken. Ruf: Triller von 0,5 sec. Dauer: whriiing, whriiing. Im Hobby wurde diese Art unter der Arbeitsbezeichnung (Cheironym, einen solchen ungültigen Namen vergibt man ggf. vor einer wissenschaftlichen Beschreibung, wenn die Art in anderem Zusammenhang schon vorher Erwähnung findet) *X. "ethiopii"* bekannt.

X. longipes LOUMONT & KOBEL, 1991: Typusfundort: Oku-See, Kamerun. Bislang nur von dort bekannt. Ca. 3,5 cm (Männchen 15% kleiner). Kräftig karamelfarben oder braun, kräftig gesprenkelt oder marmoriert, auch mit größeren Flecken. Bauch und Kehle ebenfalls stark gesprenkelt, oftmals fast schwarz auf grauem bis kräftig orangefarbenen Untergrund. Ruf unbekannt. Die Einfuhr dieser kleinen, hübschen Art wäre sehr wünschenswert.

X. muelleri (PETERS, 1844): Typusfundort: Tete (Mosambik). Bislang bekannte Verbreitung: Die Art ist aus einem riesigen Verbreitungsgebiet gemeldet: Burkina Faso, Elfenbeinküste, Ghana, Benin, Nigeria, Kamerun, Kongo, Gabun, Angola, Tschad, D. R. Kongo, Zentralafrikanische Republik, Sudan (im Süden), Äthiopien, Uganda, Kenia, Tansania, Sansibar, Malawi, Sambia, Simbabwe, Mosam-

bik, Botswana, Swasiland, Südafrika, Namibia. Dabei splittet die Art in eine östliche und eine westliche Form auf, die vor allem durch ihre Prasitenfauna und ihre Rufe unterschieden sind. Östliche Form ca. 7 cm, westliche Form ca. 8 cm (Männchen 20% kleiner). Oliv bis graubraun mit 5-8 großen dunklen Flecken, die im Alter verblassen können. Ruf: die Art kann zwei verschiedene Rufe abgeben. Der eine erinnert an das Klappern eines Löffels an eine Pfanne: tick-tick-tick (4-8/sec.). Der andere ist komplexer: trra, trra (2/sec.). Bei den westlichen Formen neigen die Männchen dazu, nur den ersten Ruf als Paarungsruf zu verwenden, er ist langsamer als bei den östlichen und der zweite Ruf, wenn er denn verwendet wird, ist umgekehrt kürzer. Der systematische Status der beiden Formen ist noch nicht geklärt.

X. pygmaeus LOUMONT, 1986: Typusfundort: Bouchia (Zentralafrikanische Republik). Bislang bekannte Verbreitung: Zentralafrikanische Republik, D. R, Kongo (Nordosten). Ca. 3,5 cm (Männchen 5-10% kleiner). Grau mit einem rötlichen Einschlag, transverse Bänder oft in zwei längliche Bänder aufgeteilt, hinterer Körper marmoriert. Ruf: lange knatternde Triller: cracrracrocra.....

X. ruwenzoriensis TYMOWSKA & FISCHBERG, 1973: Typusfundort: Bundibugyo, Semliki-Tal, Uganda. Bislang bekannte Verbreitung: nur aus dem Semliki-Tal bekannt. Ca. 5,5 cm (Männchen 20-25% kleiner). Färbung ähnlich *X. pygmaeus*, im Unterschied zu diesem sind bei *X. ruwenzoriensis* die Beine unterseits gefleckt. Ruf: Kurze, hochgepeitschte metallische Triller: cri, cri (etwa 2/sec.).

X. vestitus LAURENT, 1972: Typusfundort: Rutshuru (D. R. Kongo). Bislang bekannte Verbreitung: Ruanda, Uganda, angrenzende Teile der D. R. Kongo (im Gebiet der Virguna-Vulkane). Ca. 5 cm (Männchen 20% kleiner). Färbung sehr charkteristisch: einen Marmormuster aus silbernen und bronzenen Tönen, die einen braunen Untergrund überlagern. Der Kopf ist heller und vom restlichen Körper durch ein transverses Band getrennt. Ruf: 0,5 sec. andauernde Triller: triing, triing.

X. wittei TINSLEY, KOBEL & FISCHBERG, 1979: Typusfundort: Chelima Forest (Südwest-Uganda). Bislang bekannte Verbreitung: Ruanda, Uganda angrenzende Teile der D. R. Kongo (im Gebiet der Virguna-Vulkane). Ca. 5 cm (Männchen 20% kleiner). Einfarbig braun, ohne Flecken. Ruf: Lang klingelnde Rufe: trrrirrrirrri....

Die beiden zuletzt genannten Arten unterscheiden sich durch die Augengröße, die Rufe und die Färbung.

Die Größenangaben sind immer nur in etwa erreichte Durchschnittslängen, von der Schnauzenspitze bis zum After gemessen. Im Einzelfall können Tiere durchaus größer werden, speziell im Aquarium unter besten Lebensbedingungen. Außerdem werden Weibchen grundsätzlich größer und schwerer als die Männchen.

Die Arten der Zungenlosen an lebenden Exemplaren auseinanderzuhalten fällt nicht leicht, vor allem, wenn man noch nicht die Gelegenheit hatte, einmal verschiedene Arten nebeneinander zu sehen. In dieser Schwierigkeit liegt es vielleicht begründet, dass man in der Liebhaberliteratur so wenig über die doch recht zahlreichen Arten zu lesen

bekommt. Auch der Zoofachhandel ist mit der Bestimmung der verschiedenen Arten meist überfordert. In aller Regel kommen daher kurzerhand alle Arten der Gattungen *Hymenochirus* und *Pseudhymenochirus* als "Zwergkrallenfrösche" in den Handel, alle *Silurana* und *Xenopus* als "Xenopus laevis".

Auf den folgenden Seiten möchte ich daher versuchen, die für die Bestimmung wichtigen Merkmale aufzuzeigen.

Die Bestimmung von Krallenfröschen kann ziemlich schwierig sein. Dieses Exemplar wurde mit *Silurana tropicalis* importiert.

Selten gepflegte Krallenfrösche

Xenopus largeni

Xenopus muelleri

Selten gepflegte Krallenfrösche

Xenopus laevis poweri

Xenopus laevis sudanensis

Die Krallenfrösche der Gattungen *Silurana* und *Xenopus* sind als solche so charakteristisch, dass auch jemand, der noch nie einen solchen Frosch gesehen hat, ihn als einen Krallenfrosch erkennt.

Auffällig ist zunächst einmal, dass die Augen nicht seitlich am Kopf positioniert sind, sondern nach oben blicken. Das ist für alle Krallenfrösche typisch und an der Augengröße und dem Abstand der Augen zueinander kann man schon einige, einander sonst ähnlich Arten voneinander unterscheiden. So z.B. bei den beiden im Bereich der Virunga-Vulkane lebenden Arten *Xenopus ruwenzoriensis* und *X. boumbaensis*. Bei ersterem sind die Augen größer und deutlich stärker nach oben gewölbt. Der Gesichtssinn spielt für die Krallenfrösche nur eine untergeordnete Rolle. Auch Tiere, die durch Krankheit oder eine Verstümmelung die Augen verloren haben, verhalten sich noch ziemlich normal und können nach wie vor geschickt manövrieren oder Beute fangen. Jedoch ist die Positionierung und Form der Augen sicherlich kein Zufall. Krallenfrösche lassen sich ganz gerne, alle Viere von sich gestreckt, an der Wasseroberfläche treiben. Dabei sind sie in der Lage, auch über die Wasseroberfläche hinaus zu blicken.

Direkt unter dem Auge haben viele Arten einen Tentakel, der wahrscheinlich der chemischen Sinneswahrnehmung dient, ähnlich den Barteln vieler Fische. Dieser Tentakel fehlt nur bei den Arten *Xenopus gilli* und *X. largeni*. Die Länge dieser Tentakel bei erwachsenen Fröschen ist wiederum artspezifisch. Die längsten Tentakel haben X. muelleri, lang ist er auch bei *X. andrei*, *X. clivii*, *X. fraseri* und *X. pygmaeus*. Eine weitere Besonderheit der Krallenfrösche sind die Seitenorgane, die

aussehen wie die groben Narbennähte von Frankensteins Monster. Diese Seitenorgane sind komplexe Sinnesorgane, dem Seitenlinienorgan der Fische nicht unähnlich. Sie erfüllen vielfältige Aufgaben, nehmen sie doch feinste Veränderungen des Wasserdrucks wahr. So orten die Zungenlosen mit Hilfe des Seitenorgans ihre Beute, orientieren sich im Raum, nehmen die Annäherung großer (und damit potentiell gefährlicher Tiere) war etc. etc.. Die Anzahl und die Anordnung der Sinneszellgruppen des Seitenorgans ist artspezifisch und kann daher zur Bestimmung der Arten herangezogen werden. Bei den Zwergkrallenfröschen (außer bei *Pseudhymenochirus*, der als primitiver *Hymenochirus* zu verstehen ist) und manchen Wabenkröten sind die Seitenorgane unter der Haut verborgen und äußerlich nicht sichtbar. Die beiden Gruppen ohnehin ziemlich nah miteinander verwandt sind und damit ein schönes Beispiel für die Theorie der Kontinentaldrift. Die Kontinente schwimmen auf floßähnlichen Platten auf dem flüssigen Erdinneren. An den Nahtstellen

Xenopus muelleri

dieser Platten versinkt einerseits beständig Material in das Erdinnere, andererseits wird neues Material nach oben gedrückt und verfestigt sich. Durch diesen Prozeß befinden sich die Kontinente beständig in Drift und verändern ihre Position. Afrika ist dabei sozusagen der ruhende Pol. Südamerika, Afrika, Teile Indonesiens und Indien bildeten einst eine zusammenhängende Landmasse, den Urkontinent Gondwana. So manche Tierformen, die sich entwickelten, als diese Landmasse noch zusammenhing, finden wir heute daher an ganz unterschiedlichen Teilen der Welt - so auch die Zwergkrallenfrösche und die Wabenkröten. Fossilfunde von *Xenopus* in Südamerika zeigen, dass sich die beiden Hauptgruppen der Zungenlosen mit den Krallenfröschen auf der einen und den Zwergkrallenfröschen und den Wabenkröten auf der anderen Seite bereits entwickelt haben, bevor sich Südamerika von Afrika trennte.

Xenopus boumbaensis

Xenopus wittei

Xenopus ruwenzoriensis

Bestimmungsschlüssel

Mit dem Rüstzeug an anatomischen Wissen, das Ihnen das vorige Kapitel gegeben hat, können Sie nun schon fast den einzigen Bestimmungsschlüssel, der zu den Krallenfröschen existiert benutzen. Er stammt, genau wie die Angaben im Kapitel "Die unbekannte Vielfalt" aus der Arbeit von H. R. Kobel, C. Loumont und R. C. Tinsley: The extant species, die die Autoren im Zusammenhang eines Symposiums in London erarbeiteten. Man findet sie in dem Symposiumsband: The biology of Xenopus (edited by R. C. Tinsley & H. R. Kobel) aus der Serie Symposia of the Zoological Society of London, Nummer 68, 1996.
Zur Veranschaulichung einiger im Schlüssel genannter Merkmale seien hier die Innenseiten der Hinterfüße dreier Krallenfrösche gezeigt. Der Pfeil zeigt jeweils auf den diagnostisch wichtigen Metatarsalhöcker,

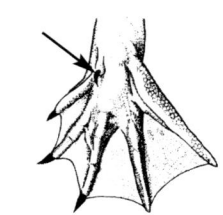

Silurana tropicalis

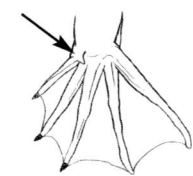

Xenopus muelleri

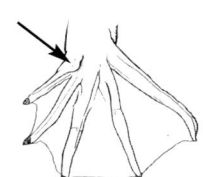

Xenopus laevis

der bei einigen Krallenfröschen, wie z.B. bei *Silurana tropicals*, mit einer Klaue versehen sein kann. Die nächste Abbildung zeigt die Köpfe zweier Krallenfrösche in Seitenansicht. Man sieht sehr schön das Seitenlinienorgan, die unterschiedliche Ausbildung des unteren Augenlids und die Unteraugententakel. Schließlich seien noch drei Zeichnungen frisch verwandelter Krallenfrösche gezeigt, bei denen man charkteristische Zeichnungsmerkmale (z.B. das transverse Band des *X. muelleri*) und auch die Unteraugententakel sehr schön sehen kann. Diese Abbildungen stammen aus der Arbeit von J. Arnoult & M. Lamotte (1968): Les Pipidae de l´ Ouest africain et du Cameroun. Bulletin de l´ I. F. A. N., Tome XXX, sér. A, no. 1..
So, ich hoffe, nun fühlen Sie sich gerüstet, im Fall der Fälle einen Krallenfrosch mit dem Bestimmungsschlüssel zu identifizieren, auch ohne zuvor ein Biologie-Studium absolviert zu haben - zumindest annäherungsweise und das ist doch auch schon was.

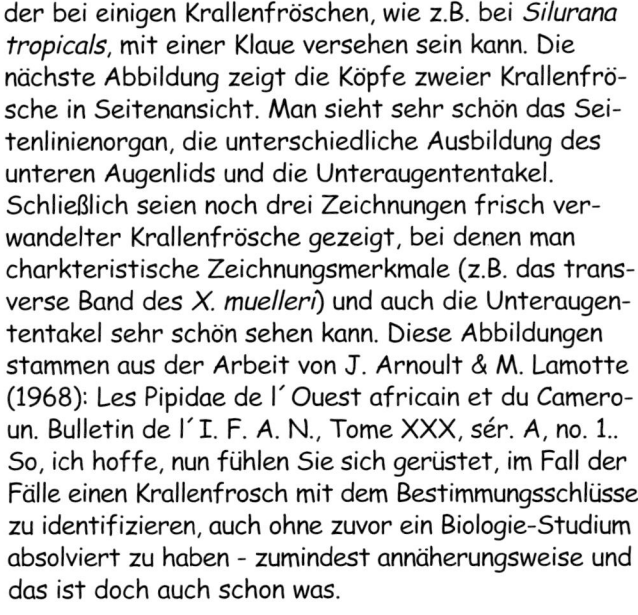

Silurana tropicalis

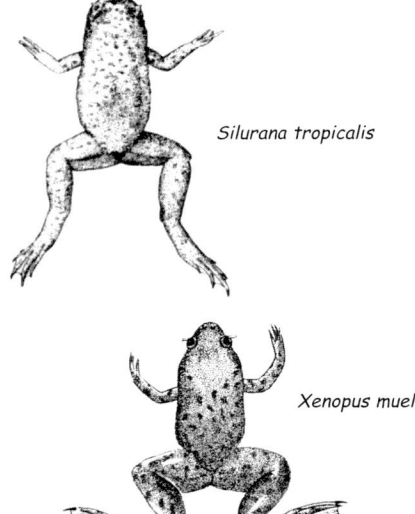

Xenopus muelleri

Xenopus fraseri

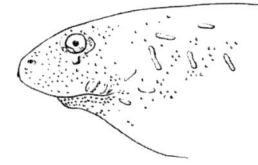

Silurana tropicalis

Xenopus fraseri

Bestimmungsschlüssel Zwergkrallenfrösche

Unteres Augenlid beweglich; äußerlich sichtbare Seiten-organe..................................*Pseudhymenochirus merlini*
Unteres Augenlid starr; keine äußerlich sichtbaren Seite-norgane .... *Hymenochirus*

A. Körperseiten mit vergrößerten Warzen; Kopf breit; Körper oval, gesteckt, Körperoberseite einfarbig.
 1. Schwimmhäute der Hände und Füße maximal ent-wickelt, reichen fast bis an die Spitzen der Finger und Zehen, mit Ausnahme der Innenseite des 3. Zehs, bei dem 1,5 Glieder frei stehen. Schwimmhäute stark pig-mentiert, drüsenreich; relativ große Frösche: Männ-chen 42 mm, Weibchen 46 mm. D. R. Kongo ....*H. feae*
 2. Schwimmhäute weit schwächer entwickelt, beson-ders an den Händen, wo am 3. Finger 1,5-2 Glieder frei bleiben................................ *H. boettgeri*
 a. Abstand zwischen Auge und Nasenöffnung (2,3-3 mm) stets größer als Augendurchmesser; Kopf breit, Augendurchmesser mindestens 37,6% des Augenab-stands. Schwimmhäute der Füße mäßig stark ent-wickelt, am 3. Zeh (dem längsten) bleiben 1,5-2 Glie-der frei. Schwimmhäute fein pigmentiert, wirken dadurch dunkel. Recht große Form: Männchen 32-35,5 mm, Weibchen 35-40,5 mm. Von Kamerun bis zum Ituri .... *H. boettgeri boettgeri*
 b. Abstand zwischen Auge und Nasenöffnung (1,8-2,3 mm) gleich oder leicht größer als Augendurchmesser. Kopf spitzer, Augendurchmesser mindestens 44,2% des Augenabstands. Schwimmhäute der Fuße gut ent-wickelt, beinahe wie bei feae, Innenseite des 3. Zehs mit 1,5-1,75 freien Gliedern. Schwimmhäute durch-sichtig mit nur geringer Pigmentierung. Kleine Form: Männchen 28-31 mm, Weibchen 30-35 mm. Südost-Kamerun und Kongobecken. *H. boettgeri camerunensis*
B. Warzen der Körperseiten nicht größer als die des restlichen Körpers. Kopf schmal; Körper tropfenförmig; Rücken oft gepunktet.
 1. Schienbeinlänge 2,5-2,75 mal in der Strecke Schnauze-After enthalten. Bei nach vorne geklapptem Bein reicht die Ferse bis zum Auge oder etwas weiter. Größe 27 mm. Uélé, Nord-Osten der D.R. Kongo .... *H. boulengeri*
 2. Schienbeinlänge 2,75-3 mal in der Strecke Schnau-ze-After enthalten. Bei nach vorne geklapptem Bein reicht die Ferse höchstens bis zur Schulter. 24-28 mm. Unteres Kongobecken................................ *H. curtipes*

Bestimmungsschlüssel Krallenfrösche (*Xenopus,Silurana*)

1. Drei Krallen am Hinterfuß (Fersenhöcker ohne Kralle)...2
 - Vier Krallen am Hinterfuß (Fersenhöcker mit Kralle).....8

2. Fersenhöcker gut entwickelt, zapfenförmig...................3
 - Fersenhöcker kaum entwickelt oder unsichtbar.............4

3. Unteraugententakel länger als halber Augendurchmes-ser; Rücken grünlich-braun, einige große rundliche Flecken. Oberer Volta bis südlicher Sudan..........*X. muelleri* (West)
Ostafrika vom südöstlichen Kenia bis Südafrika
.... *X. muelleri* (Ost)
 - Unteraugententakel höchsten halb so lang wie der Augendurchmesser. Rücken blaugrau mit zahlreichen länglichen Flecken. Kenia ....*X. borealis*

4. Unteraugententakel fehlend oder höchstens als kleine Erhebung sichtbar. Fersenhöcker nicht sichtbar.................5
 - Unteraugententakel vorhanden; Fersenhöcker sichtbar..6

5. Unteraugenlid bedeckt ein Drittel oder weniger des Auges. Äthiopien..*X. largeni*
 - Unteraugenlid bedeckt die Hälfte des Auges. Südafri-ka (Kapregion und Küste zum Cap Agulhas).................*X. gilli*

6. Hinterbeine (vom After bis zur Spitze des 5. Zehs gemessen) 15-20% länger als der Körper (von der Schnauzenspitze bis zum After gemessen). 5. Zeh länger als das Schienbein ....*X. laevis* (zur Unterscheidung der Unterarten siehe Kapitel "Der Große Krallenfrosch")
- Hinterbeine so lang oder höchstens 5% länger als der Körper. 5. Zeh so lang wie das Schienbein..........................7

7. Färbung des Kopfes, des Rückens und der Schenkel einfarbig olivbraun bis schokoladenfarbig, keine schwarzen Flecken...*X. wittei*
- Rücken und Schenkel unregelmäßig hellen, silbrig-goldenen bis bronzefarbenen Marmorierungen. Kopf heller als der Rest des Körpers.......................*X. vestitus*

8. Kloakenlappen hinterseits miteinander verwachsen. Unteres Augenlid bedeckt weniger als ein Drittel des Auges...9
- Kloakenlappen nicht miteinder verwachsen. Unteres Augenlid bedeckt mindestens die Hälfte des Auges........10

9. Größe der Kerne der roten Blutkörperchen wesentlich geringer als bei *X. laevis*. Westlich des Cross River (Nigeria) bis zum Senegal...................*Silurana tropicalis*
- Größe der Kerne der roten Blutkörperchen wie bei *X. laevis*. Vom Kamerunberg bis zur Ostgrenze der D. R, Kongo und südlich bis zum nördlichen Angola
....*S. epitropicalis*
(Die beiden *Silurana*-Arten sind ohne Kenntnis der Herkunft und ohne Labor-Ausrüstung nur anhand der Rufe sicher unterscheidbar)

10. 5. Zehe deutlich länger als das Schienbein.................11
- 5. Zehe etwa so lang wie das Schienbein
.....................................*Xenopus-fraseri*-Gruppe
(hierher gehören *X. fraseri*, *X. pygmaeus*, *X. amieti*, *X.*

andrei, *X. boubaensis* und *X. rouwenzoriensis*. Sie sind ohne Laborausrüstung und ohne Kenntnis der Herkunft für Privatliebhaber sicher nur anhand der Rufe zu unterscheiden. Siehe Artbeschreibungen in "Die unbekannte Vielfalt").
11. Das Augenlid bedeckt drei Viertel des Auges; Seitenorgan um die Augen mit 12-16 Porengruppen. Eritrea und Äthiopien. ....*X. clivii*
- Das Augenlid bedeckt ein Drittel des Auges. Seitenorgan um die Augen mit 7-13 Porengruppen. Lake Oku in Kamerun... ....*X. longipes*

Mit diesem etwas trockenen Kapitel verlassen wir nun die faszinierende Welt der Krallenfrösche Afrikas. Die folgenden, verbleibenden Seiten sind den Zungenlosen der Neuen Welt gewidmet, den legendären Wabenkröten der Gattung *Pipa*.

Die Wabenkröten haben bei weitem nicht die Bedeutung der Krallenfrösche in der Forschung oder der die Beliebtheit der Zwergkrallenfrösche und Krallenfrösche in der Aquaristik erreicht. Nur vergleichsweise selten, mit viel Glück und zu ziemlich hohen Preisen wird man einmal die Gelegenheit bekommen, eine der 7 Arten in einem normalen Zoofachgeschäft käuflich erwerben zu können. Mir persönlich sind in über 25 Jahren intensiver aquaristischer und terraristischer Tätigkeit nur 2 Arten begnet, nur eine davon (*Pipa parva*) habe ich selbst einige Zeit pflegen können. Wer sich unter Südamerikanern immer die Temperamentbolzen vorstellt, den werden die Zungenlosen aus Südamerika etwas enttäuschen. Die meisten Verteter der Wabenkröten (*Pipa*) haben, verglichen mit ihren afrikanischen Vettern, ein ausgeprägt phlegmatisches Wesen. Eine Ausnahme macht da eigentlich nur die Zwergwabenkröte (*Pipa parva*), doch dazu gleich mehr. Zunächst eine kleine Übersicht über die existierenden Arten:

Gattung *Pipa* - Wabenkröten

Pipa arrabali: Nördliches Südamerika und Panama. Ca. 8 cm.
P. aspera: Venezuela (Südosten), Guyana, Surinam, Brasilien (Bundesstaaten Amazonas und Pará). Ca. 6 cm.
P. carvalhoi: Brasilien (Bundesstaaten Pernambuco, Ceará, Espirito Santo, Bahia, Minas Gerais, Paraiba). Ca. 6 cm.
P. myersi: Panama (Provinz Darien: Rio Chucunaque-Ebene), Kolumbien (Rio Zulia). Ca. 6 cm.
P. parva: Kolumbien (Nordosten), Venezuela (Nordwesten). Ca. 3 cm.
P. pipa: Bolivien, Kolumbien, Guyana, Surinam, Peru, Ekuador, Brasilien, Trinidad. Ca. 20 cm.
P. snethlagae: Brasilien (Bundesstaat Pará). Ca. 20 cm.
Leider wurden, wie gesagt, bislang m.W. nur drei Arten einigermaßen regelmäßig gepflegt und nur von zweien liegen detaillierte Zuchtberichte vor: *Pipa pipa* und *Pipa carvalhoi*. Von den übrigen Arten gibt es nicht einmal brauchbare Bilder. Falls doch einmal diese Tiere angeboten werden, hier eine kurze Beschreibung. *Pipa arrabali* und *Pipa aspera* erinnern aufgrund ihrer warzigen Haut etwas an zu groß geratene Zwergkrallenfrösche. *P. arrabali* ist mattbraun bis ockergelb am Rücken gefärbt, darauf stehen die dunklen Warzen wie Punkte. Der Bauch ist orangebraun und dunkelbraun punktiert. *P. aspera* ist eher rotbraun am Rücken gefärbt. Der Bauch ist dunkelbraun gefleckt, die Kehlregion einheitlich dunkelbraun. *P. myersi* ist *P. carvalhoi* ähnlicher, also relativ glatt. Der Rücken ist graubraun und dunkel gefleckt (nur gelegentlich marmoriert bei *P. carvalhoi*), der Bauch ist grau mit ockerfarbenen Flecken (grau und oft dunkel gesprenkelt bei *P. carvalhoi*). *Pipa snethlagae* schließlich ist der Großen Wabenkröte sehr ähnlich, unterscheidet sich von dieser farblich durch die Bauchzeichnung. Bei *Pipa pipa* ist der Bauch charkteristisch mit einer hellen Kreuzzeichnung versehen, die sich auf dunkel-ockergrauem Grund befindet. Diese fehlt bei *P. snethlagae*. Vom Augenhinterrand bis zum Mundwinkel zieht sich bei *P. snethlagae* ein dunkler Strich, der bei *Pipa pipa* fehlt.

Selbstverständlich unterscheiden sich die Wabenkröten in erster Linie durch anatomische Merkmale voneinander, wie Beinlänge, Kopfbreite, Form und Vorhandensein des inneren Mittelfußhöckers und dann vor allem durch die Ausprägung der charakteristischen Fingerspitzen.

Zusätzlich zu den Sinnen, die wir schon bei den Krallenfröschen kennengelernt haben, haben die Wabenkröten sehr sensible, mehrfach aufgesplittete Fingerspitzen, die hochempfindliche Tastsinnesorgane darstellen.

Die Große Wabenkröte

Schön ist sie wahrhaftig nicht, die Große Wabenkröte, *Pipa pipa*. Doch ihre faszinierende Brutpflege möchten viele Naturinteressierte einmal mit eigenen Augen gesehen haben.

Dies ist wohl eine Spezialanpassung an die oft trüben Wohngewässer dieser Zungenlosen. Auf die übrigen anatomischen Unterschiede will ich hier nicht weiter eingehen, sie sind nur unzureichend verbal zu umschreiben und daher wenig nützlich, um lebende Tiere zu bestimmen.

Die ersten detaillierten Berichte über die Große Wabenkröte (*Pipa pipa*) erreichten die naturkundlich Interessierten bereits im 1719 in der 2. Ausgabe ihres weltberühmten Buches "Metamorphosen" durch Maria Sibylla MERIAN. Die außergewöhnliche Frankfurterin veröffentlichte einen detaillierten Stich mit einem Weibchen mit reifen Jungen. Die Berichte, dass aus dem Rücken der Tiere lebendige Junge hervorkommen, lösten ungläubiges Staunen aus. Freilich hatte Merian falsche Vorstellungen davon, wie die Eier in den Rücken des Muttertieres kommen. Bei falschen Vorstellungen blieb es auch zunächst. So behauptete FERMIN 1764/65, das Weibchen wälze sich rückwärts auf den an Land abgelegten Eiern bis sie am Rücken haften blieben. Erst dann würden sie besamt. Pure Fantasie, wie wir heute wissen. Die wahren Vorgänge wurden freilich erst 1960 geklärt, immerhin fast 250 Jahre nach der Publikation Merians. Das ist um so erstaunlicher, als das die Wabenkröte bei den Einheimischen als Leckerbissen galt und als Kulturfolger alles andere als selten ist. Bereits 1896 gelang in London, genauer gesagt im Londoner Society´s Garden, die Zucht. Man fand ein Weibchen mit Eiern auf dem Rücken vor, bei dem die Legeröhre blasenartig vergrößert war. Zu dumm, dass sich Wabenkröten vorzugsweise nachts paaren. Die wirklichen Vorgänge wurden demnach nicht beobachtet. Dafür wurde kräftig spekuliert. Man erklärte sich die Sache so, dass das Weibchen die Legeröhre so weit ausdehnt, dass es sich die Eier selbst auf dem Rücken plazieren kann.

Auch diese These erwies sich als falsch. In Wahrheit machen es die Wabenkröten ganz ähnlich wie ihre kleinen Vettern aus Afrika, die Zwergkrallenfrösche: Mit einem Salto rückwärts. Allerdings werden die Eier nicht frei an der Wasseroberfläche abgelegt, wie bei *Hymenochirus*, sondern werden bei der Abwärtsbewegung ausgestoßen. Tatsächlich sorgt zwar die vergrößerte, ausgestülpte Legeröhre der Weibchen, dass die Eier auf dem Rücken landen, mehr aber auch nicht. Während der Abwärtsbewegung hebt das Männchen seinen Körper ab, ohne dabei jedoch die Hüftklammer zu lösen. Sind die Eier ausgetreten. macht das Männchen kreisende Bewegungen mit den Füßen, möglicherweise um die Samenflüssigkeit besser zu verteilen. Dann drückt das Männchen die Eier mit seinem Bauch fest. Noch sind die Eier jetzt ziemlich weit hinten, am Körperende. Das Männchen schiebt die Eier mit den Hinterfüßen weiter nach vorne, so dass nachfolgende Eier auf dem Rücken Platz finden können.

Nach erfolgtem Laichgeschäft löst das Männchen seinen Klammergriff. Sein Job ist getan, es geht nun wieder seinen Privatangelegenheiten nach. Auf dem Rücken des Weibchens befindet sich das Gelege noch gut sichtbar. Doch im Verlauf der folgenden 8 Tage sinken die Eier vollständig in die Rückenhaut des Weibchens ein, wo sich die komplette Entwicklung bis zum fertigen Jungfrosch vollzieht. Die dauert (das ist temperaturabhängig, scheint aber auch individuell etwas zu variieren) 2,5-3,5 Monate (105-145 Tage). Bereits bevor die Jungtiere den Rücken endgültig verlassen, schauen sie oft mehrere Tage aus der Rückenwabe heraus und fressen in dieser Zeit sogar! Im Gegensatz zu den Afrikanern, die wir als große liebhaber des eigenen Kaviars und der Kaulquappen kennengelernt haben, sind die Muttertiere von *Pipa pipa* keine Kannibalen! In Anbetracht des großen Wertes jeden Tieres separieren Züchter "trächtige" Weibchen ohnehin. Doch hier beobachtet man, dass die Weibchen sogar ihre Jungen wieder ausspucken, wenn sie versehentlich ins Maul geraten sind. Die Aufzucht junger Großer Wabenkröten ist die einfachste unter den Zungenlosen.

Mittlere Wabenkröten

Die Große Wabenkröte hat einige Nachteile: Sie wird ziemlich groß, bei Weibchen muss man gut 20 cm einkalkulieren, und hat entsprechenden Platzbedarf. Ein Aquarium für Große Wabenkröten sollte nicht kleiner als 120 x 60 x 60 cm sein. Außerdem sind *Pipa pipa* ziemlich teuer, so dass die Zusammenstellung von Zuchtgruppen eine kostspielige Angelegenheit ist.

Doch als hätte Mutter Natur auch an diese Problemchen gedacht hat sie uns mit *Pipa carvalhoi* sozusagen die Wabenkröte des kleinen Mannes beschert. Diese Art wird nur rund 6 cm lang und ist daher in einer kleinen Zuchtgruppe (2 Männchen, 2 Weibchen) auch schon in handelsüblichen Aquarien von 60 x 30 x 30 cm unterzubringen.

Die Männchen bleiben, wie bei allen Zungenlosen, kleiner als die Weibchen und können Rufen. Dies ist eine Kunst, die den Weibchen versagt bleibt. Der Ruf wird als langgezogener Triller beschrieben, der immer schneller wird und schließlich in einem Summton endet. Für *Pipa pipa* wird beschrieben, dass bei wohlgenährten Exemplaren (Vorsicht: Die Tiere verfetten leicht und sind dann zur Zucht nicht mehr zu gebrauchen) die Kloake bei den Weibchen dicker und runder ist und ihre Öffnung schräg nach oben zeigt. Die Öffnung zeigt bei den Männchen nach unten. Außerdem sind bei den Männchen die Arme dicker. Die Wasserchemie ist wohl ohne Belang für die Zucht.

Das Ablaichverhalten bei *Pipa carvalhoi* ist wie bei *Pipa pipa*, allerdings geht nach dem Ablaichen alles schneller. Die Eier versinken schon 24 Stunden vollständig im Rücken des Weibchens. Dies ist in der Praxis ein großer Vorteil. Denn die Eier der Großen Wabenkröte sind während des langsamen Einwachsprozesses reichlich Gefahren ausgesetzt und hier treten auch oft ärgerliche Verluste auf, z.B. durch Schnecken, die die Eier anfressen, oder durch Abstreifen von Eiern, wenn sich das Weibchen erschreckt.

Bereits nach 14 Tagen beginnt der Schlupf der Jungtiere bei *Pipa carvalhoi*. Allerdings sind es hier nicht fertige Jungfröschchen, die den Rücken der Mutter verlassen, sondern Kaulquappen von 12 mm Länge (3 mm Körper- und 9 mm Schwanzlänge). Ihr Aussehen erinnert stark an das der Krallenfrosch-Kaulquappen, doch fehlen ihnen die Barteln. Auch sie sind frei im Wasser schwimmende Filtrierer. Allerdings sind sie in der Lage, deutlich größere Futterpartikel aufzunehmen als die *Xenopus*-Kaulquappen. Dadurch gestaltet sich ihre Aufzucht wesentlich einfacher, sie kann mit staubfeinem Trockenfutter, wie es für junge Aquarienfische angeboten wird, erfolgen. Etwa 6 wochen brauch die Kaulquappen zur Entwicklung zum Frosch. Achten Sie bei der Zucht der Wabenkröten darauf, dass die Wasseroberfläche nicht völlig mit Schwimmpflanzen verkrautet ist. Die Kaulquappen aller Zungenlosen müssen nach dem Schlupf die Wasseroberfläche durchstossen, um schwimmfähig zu werden. Das kann unter Umständen durch zu viele Pflanzen verhindert werden und führt zu ärgerlichen Verlusten.

Pipa carvalhoi

Als ich vor einer Zeit die ersten Kleinen Wabenkröten, *Pipa parva*, sah, dachte ich: "Oh je, jetzt züchten die schon *Hymenochirus* in Venezuela". Erst beim näheren Hinsehen fiel mir auf, dass die Tierchen keine schwarzen Krallen an den Hinterfüßen hatten, dafür jedoch die für Wabenkröten typischen Verästelungen der Fingerspitzen. Tatsächlich, es waren Wabenkröten. Diese kleinste aller Arten kommt aus der Umgebung des Lake Maracaibo zu uns. Die Ähnlichkeit zu Zwergkrallenfröschen ist wirklich verblüffend und ihre Pflege unterscheidet sich in Nichts von der ihrer afrikanischen Verwandten. Freilich sollte man, der relativen Seltenheit der Tiere wegen, zunächst an eine Unterbringung im Artenbecken denken und sie nicht in ein Gesellschaftsaquarium mit Fischen setzen. Noch sind kaum Zuchtberichte über die clownhaften Zwerge erschienen. Ihre Kaulquappen (auch hier verlassen die Jungtiere noch als Kaulquappen den mütterlichen Rücken) fallen durch ihre sehr flache Schnauzenpartie auf. Es bleibt zu hoffen, dass sich möglichst viele Aquarianer zur Pflege dieser reizenden Tierchen entschließen, damit sie möglichst in Zukunft dauerhaft aus Nachzuchten erhältlich sein werden.

Pipa parva

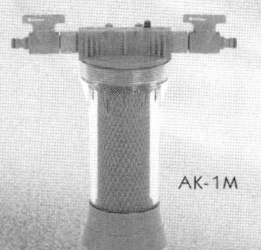

Aqualog Special

Ratgeber – exakte Anleitung für Pflege und Zucht

- **Exakte Anleitung für Hälterung und Zucht, Tricks und Tipps von erfahrenen Spezialisten**
- **Viele Ausgaben mit dekorativem Farbposter (85 x 60 cm, auch separat erhältlich)**
- **Erhältlich als deutsche und englische Ausgabe**

Garnelen, Krebse und Krabben im Süßwasser-Aquarium
(U. Werner)

Hier stellen wir Ihnen die schönsten Garnelen und Krebstiere des Süßwassers vor. Kleine und große Arten, die man einzeln oder zusammen mit Fischen pflegen kann – aber mit welchen? Das und mehr in diesem Ratgeber – interessant und spannend.

(48 Seiten + Poster)
ISBN 3-931702-52-9
Artikel-Nr. AS010-D

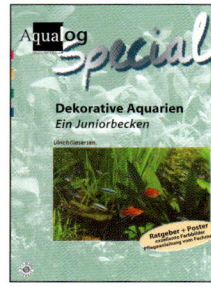

Dekorative Aquarien: Ein Juniorbecken
(U. Glaser sen.)

Erstmals die genaue Anleitung zur perfekten Einrichtung eines schönen Aquariums für Einsteiger. Ratschläge vom Profi, um Anfängerfehler zu vermeiden. Becken-Grundriß, Pflanzen und Fischbesatz; alles bebildert, detailliert und leicht verständlich beschrieben – nach dem Motto: „Man nehme…".

(48 Seiten + Poster)
ISBN 3-931702-38-3
Artikel-Nr. AS011-D

Der Naturteich im Garten
(P. D. Sicka)

Der naturnah angelegte Gartenteich ist Rückzugsgebiet für unzählige bedrohte Tier- und Pflanzenarten. In vielen Beispielen und auf prächtigen Farbfotos wird anschaulich geschildert, wie Sie sich den Traum von einem kleinen Biotop im eigenen Garten verwirklichen können.

(48 Seiten)
ISBN 3-931702-90-1
Artikel-Nr. AS021-D

Die schönsten L-Welse
(U. Glaser sen.)

Was sind L-Welse und woher kommen sie? Fachmännische Tips zur Pflege und Zucht etc.

(48 Seiten + Poster)
ISBN 3-931702-33-2
Artikel-Nr. AS002-D

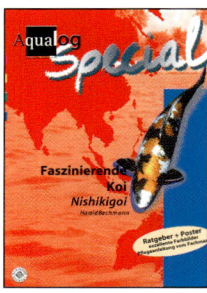

Faszinierende Koi
(H. Bachmann)

Einiges über die lange Geschichte der Farbkarpfen, exakte Anleitung zur Pflege und wie der Koi-Teich aussehen sollte. Dies und vieles mehr finden Sie in diesem Rat-geber vom Fachmann.

(48 Seiten + Poster)
ISBN 3-931702-40-5
Artikel-Nr. AS003-D

Korallenfische des Süßwassers MALAWI-Cichliden
(E. Schraml)

Farbenprächtig wie Seewasserfische, doch mit weitaus weniger technischem Aufwand gut zu halten und zu züchten. Wie das am besten geht, erfahren Sie in diesem Ratgeber vom Fachmann.

(48 Seiten + Poster)
ISBN 3-931702-48-0
Artikel-Nr. AS009-D

Goldfische und Schleierschwänze
(K. H. Bernhardt)

Es sind die ältesten und bekanntesten Zierfische, aber wußten Sie, daß es so viele Formen- und Farbvarianten gibt? Interessantes zur Geschichte dieser Tiere und viele Tipps zur richtigen Pflege, denn sie sind nicht so unempfindlich, wie oft angenommen wird.

(48 Seiten + Poster)
ISBN 3-931702-46-4
Artikel-Nr. AS008-D

Fische des Jahres Die HIGHLIGHTS
(U. Glaser sen.)

Jährlich kommen neue Fische in den Handel – das macht die Aquaristik so spannend. Alles über Herkunft, Import oder Zucht, Prämierung und Eigenschaften dieser Fische. Für jeden Aquarianer die schnelle und aktuelle Information.

(48 Seiten + Poster)
ISBN 3-931702-68-5
Artikel-Nr. AS007-D

Herrliche Regenbogenfische
(H. Hieronimus)

Der Name sagt es: Bunt wie ein Regenbogen. Anleitungen zur Pflege und was Sie sonst noch wissen sollten. Die Biotop-Bilder zeigen, wo diese hübschen, pflegeleichten Fische herkommen und wie entsprechend das Aquarium eingerichtet wird.

(48 Seiten + Poster)
ISBN 3-931702-50-2
Artikel-Nr. AS004-D

Süßwasserstechrochen Südamerikas
(R. A. Ross)

In Flüssen und Seen des tropischen Südamerikas leben Fische, die man vorwiegend aus dem Meer kennt: Stechrochen. Obwohl in ihrer Heimat wegen ihres Giftstachels gefürchtet, begeistern sich weltweit immer mehr Aquarianer für diese einzigartigen Tiere. Dieses Buch ist der erste ausführlicher Leitfaden für die erfolgreiche Pflege und Zucht dieser Rochen. Unentbehrlich für alle, die mehr über die interessanten Tiere wissen wollen oder erwägen, Stechrochen zu pflegen.

(64 Seiten)
ISBN 3-931702-88-X
Artikel-Nr. AS013-D

Majestätische Diskus
(M. Göbel)

König der Fische, Traum eines jeden Aquarianers! Die Pflege dieser anspruchsvollen Tiere und vieles mehr verrät Ihnen der Profi.

(48 Seiten + Poster)
ISBN 3-931702-42-1
Artikel-Nr. AS006-D

Bildbände –
immer alle Fische einer Gruppe

Alle wichtigen Informationen auf einen Blick:

- Alle Fische einer Gruppe auf Farbfotos (inkl. aller Varianten, Farb- und Zuchtformen)
- Identifikation der Fische ist sicher und einfach: Wissenschaftlicher Name, Handelsname, Aqualog-Codenummer
- Leicht verständlicher Text, internationale Pflegesymbole
- Neu entdeckte Fische werden auf Ergänzungsbögen veröffentlicht: Ihr Lexikon bleibt immer up-to-date!

Diese 3 Bildlexika sind ein kompaktes Bestimmungswerk, das zum ersten Mal alle Killifische der Welt beinhaltet: Es ist das offizielle Referenzwerk der Killifisch-Freunde weltweit!

Killifishes of the world – Old World Killis I
(L. Seegers)

Juwelen des Süßwassers werden Killis auch genannt – wenn Sie diese Farbenpracht gesehen haben, wissen Sie warum. Dieser Band stellt die Gruppen Aphyosemion, Leuchtaugen und Reisfische vor.

(160 Seiten, über 890 Farbfotos)
ISBN 3-931702-25-1
Artikel-Nr. B007 € 37,80

Killifishes of the world – Old World Killis II
(L. Seegers)

Band 2 zeigt die Gruppen Hechtlinge, Nothobranchius, Epiplatys, Aplocheilus, Aphanius u.a. Mit ihrer Farbenpracht und Größe (sie erreichen nur 3–8 cm) sind sie ideale Aquarienfische.

(112 Seiten, 550 Farbfotos)
ISBN 3-931702-30-8
Artikel-Nr. B008 € 34,80

Killifishes of the world – New World Killis
(L. Seegers)

Dieses Buch ergänzt die Reihe zu Killifischen mit den Gruppen aus der Neuen Welt: Rivulus, Cynolebias, Fundulus, Pterolebias u.a.

(224 Seiten, 1 200 Farbfotos)
ISBN 3-931702-76-6
Artikel-Nr. B014 € 68,80

Die Kugelfische des Süß- und Brackwassers
(K. Ebert)

Nicht nur 300 brilliante Fotos aller Kugelfische der Welt, sondern auch über 40 Jahre detaillierte Pflegeerfahrung mit diesen farbenprächtigen, außergewöhnlichen Tieren vermittelt der Autor in diesem einzigartigen Lexikon sowohl dem Anfänger als auch dem spezialisierten Aquarianer und Wissenschaftler.

(96 Seiten, 300 Farbfotos)
ISBN 3-931702-81-8
Artikel-Nr. B016-D € 29,80

Wirklich alle Cichliden Lateinamerikas – in 4 Bänden!

Southamerican Cichlids I
(U. Glaser sen.)

Auf exzellenten Farbfotos werden alle Cichla, Crenicichla, Teleocichla, Guianacara, Geophagus, Gymnogeophagus, Satanoperca, Acarichthys, Uaru, Biotodoma, Astronotus, Retroculus und Chaetobranchopsis vorgestellt.

(112 Seiten, 500 Farbfotos)
ISBN 3-931702-04-9
Artikel-Nr. B002 € 24,80

Southamerican Cichlids II
(U. Glaser sen.)

Dieser Band beinhaltet auf Bildern bekannter Fotografen alle Zwergcichliden wie Apistogramma, Biotoecus, Crenicara, Dicrossus, Nannacara, Taeniacara und Microgeophagus, die vorher Papiliochromis hießen.

(112 Seiten, 500 Farbfotos)
ISBN 3-931702-07-3
Artikel-Nr. B003 € 24,80

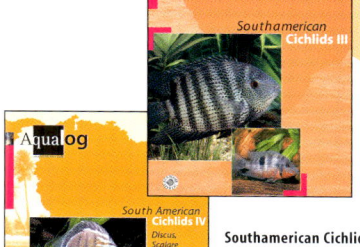

Southamerican Cichlids III
(U. Glaser sen.)

In diesem Band finden Sie die Sammelgattungen Aequidens, Cichlasoma und deren Verwandte Acaronia, Caquetaia, Petenia und Herotilapia. Wissenschaftliche Namensänderungen bis 1998 sind bereits berücksichtigt.

(144 Seiten, 650 Farbfotos)
ISBN 3-931702-10-3
Artikel-Nr. B005 € 24,80

Southamerican Cichlids IV – Discus & Scalare
(M. Göbel, H. J. Mayland)

Band vier zeigt traumhafte Diskus und Skalare. Wildfänge, deutsche, weitere europäische und asiatische Zuchttiere nebst allen Varianten, Farbschlägen und Zuchtformen.

(240 Seiten, über 900 Farbfotos)
ISBN 3-931702- 75-8
Artikel-Nr. B010 € 49,80

Süßwasserrochen
(R. A. Ross / F. Schäfer)

Alle bekannten Arten der Süßwasserrochen in ihrer großen Vielfalt. Erstmalig in der Geschichte der aquaristischen Literatur gibt es ein Nachschlagewerk, in dem die südamerikanischen Flußrochen (Potamotrygonidae), die asiatischen, afrikanischen, nordamerikanischen und australischen Süßwasserarten zu finden sind. Außerdem die Sägefische (Pristidae) und die regelmäßig das Brackwasser aufsuchenden Arten aus aller Welt.

(192 Seiten, ca. 400 Farbfotos)
ISBN 3-931702-93-6
Artikel-Nr. B015 € 44,80

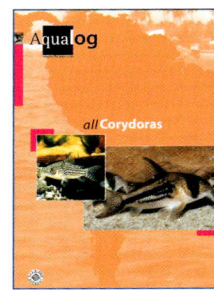
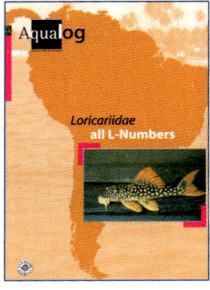
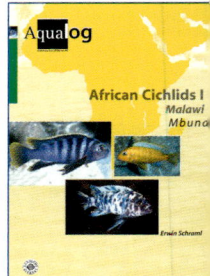

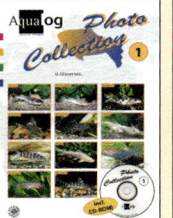
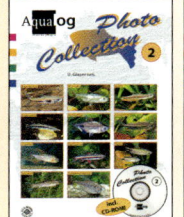